Adolf Freiherr von Knigge

Der Roman meines Lebenns in Briefen herausgegeben

Adolf Freiherr von Knigge

Der Roman meines Lebenns in Briefen herausgegeben

ISBN/EAN: 9783743677715

Hergestellt in Europa, USA, Kanada, Australien, Japan

Cover: Foto ©ninafisch / pixelio.de

Weitere Bücher finden Sie auf **www.hansebooks.com**

Der
Roman meines Lebens

in Briefen herausgegeben.

J. C. Berndt del. et Sculp.

Dritter Theil

Riga 1782.

An die Leſer.

Es iſt eine gar poſſierliche Sache um die Autorſucht, und um den Ruhm, den man durch das Büchermacherhand=werk zu erwerben trachtet.

Ich ſetze ſelbſt ſehr wenig Werth auf den Mann, der blos dadurch beliebt wurde, daß er ein gutes Buch ſchrieb. Es iſt ſehr viel leichter hundert ſchöne Grundſätze pre=digen, als einen einzigen ausüben. Am Schreibtiſche, wenn keine Leidenſchaft ins Spiel kömmt, laſſen ſich herrliche Sachen ſagen, und gewöhnlich ſieht doch der Mann ganz anders auf dem Papiere aus, als in ſeinen Handlungen.

Aber

Aber dennoch ist so etwas in mir (ich gestehe es frey) das mich kitzelt, wenn mich jemand versichert, er habe etwas von mir mit Vergnügen gelesen — Ich meine immer, es müßte ein verständiger Mann seyn, der so etwas sagt — Ob es wohl andern Leuten auch so geht?

Was ist daher natürlicher, als daß ich Ihnen Allen, die Sie mit so nachsichtsvoller Güte die beyden ersten Theile dieses Büchelchens aufgenommen haben, herzlich danke? Mögte der dritte eben so glücklich seyn, Ihren Beyfall zu gewinnen! Vielleicht schriebe ich dann noch — Nicht die zwanzig, davon wir neulich redeten — aber doch ein oder ein Paar dazu, um ein Ganzes daraus zu machen, und Sie nicht in Ungewißheit über das Schicksal der Personen zu lassen, welche ich die Ehre gehabt habe Ihnen vorzustellen.

Allein

Allein da werde ich denn nach Gelegenheit etwas dazu lügen müssen, so wie ich Ihnen bis jetzt würklich nur wahre Begebenheiten erzählt habe.

Im Grunde sollte freylich wohl alles wahr seyn, was in einem Roman steht. Man kann sich ja auch nichts so Tolles erdenken (das versichre ich Sie) was nicht irgend einem Erdensohne begegnet wäre, und keinen so albernen Streich, den nicht schon einmal ein Mensch gemacht hätte. Wenn man aber freye Hand hat, eine Menge Abentheuer auf Eines Menschen Kopf zu erzählen; so kann man der Geschichte wohl eher diejenige Einheit geben, welche Sie vielleicht hier vermissen. Indessen wollen wir doch überlegen, wie wir das Ding so einrichten, daß alles in einander passe.

Unglück-

Unglücklicherweise lebe ich jetzt einsam, in dem Schooße meiner Familie ruhig, fern von den großen Thorheiten der Welt, und an einem Orte, wo es wahrhaftig so viel herzlich gute Menschen giebt, daß, wenn ich Ihnen die Scenen schildern sollte, die ich jetzt vor mir habe, Sie sehr einfache Gemälde sehen, und ich denenjenigen, welche nur die lächerliche Seite ihrer Mitmenschen vor Augen gestellt haben mögen, wenig Unterhaltung würde verschaffen können.

Ueberlegen Sie das alles! Und wenn Sie dennoch, nach Lesung dieses Theils eine Fortsetzung des Romans meines Lebens begehren — Ey nun! so muß man sehen, wie man Rath schafft.

Inhalt

Inhalt des dritten Theils.

des

und der ist glücklicherweise derselbe ehemalige
Adjudant, welcher in Meyers Geschichte vorge-
kommen ist. Sobald sich dies entwickelt, wird
Carl losgelassen, und als Lieutenant bey des
Obristen Regiment angestellt. Jetzt wäre alles
gut; aber wo ist Charlotte? Der Franzose hat
dem jungen Hohenau ein Briefgen abgelockt,
um ihm, wie er sagte, das Fräulein zuzuführen.
Wenn der Franzmann ein Schelm ist; so wird
es schlimm aussehen. Hohenau ist in großen
Sorgen desfalls, bittet übrigens nochmals um
Verzeyhung, und legt Briefe vom Obristen an
Leidthal und Meyer bey.

Eilfter Brief von Meyer an Leidthal. Enthält
einen Auszug aus dem Briefe des Obristen an
ihn. Nemlich die Erzählung, wie er aus dem
Gefängnisse, nach dem Tode des Fürsten, losgelassen, den Abschied als Obristlieutenant bekömmt, nach Schlesien zu einem Vetter geht,
durch denselben preußischer Obrist wird, und
ein Regiment bekömmt. Ueber den Nutzen
würklicher treuer Lebensbeschreibungen im Ge-
gensatz mit andern Romanen. Wo mag aber
das Fräulein von Hundefeld seyn? Man darf
Carl nicht von ihrer Entführung unterrichten,
muß aber ihren Eltern sagen, wie unschuldig
Hohenau daran ist.

Zwölfter

Zwölfter Brief von Mr. de la Saltière an einen
Grafen in Berlin. Hier klärt sich alles auf.
Der Graf hatte diesen Franzosen, den der Leser
schon aus dem zweyten Theile dieses Romans
kennt, aufgetragen, einen Theil des Geldes,
welches sie gemeinschaftlich in Spaa gewonnen
hatten, dazu anzuwenden, ihm eine hübsche
Maitresse mitzubringen. La Saltière traf Hohenau an, wie man schon weiß, spielte denselben den Werbern in die Hände, ließ sich einen
Brief von ihm an Charlotten geben, und nützte
diesen Brief, um dieselbe zu entführen, unter
dem Vorwande sie ihrem Geliebten zuzuführen.
Nachdem dieselben ein Paar Monathe in Worms
zugebracht, und vor Kummer über die misra-
thene Hofnung krank geworden, da indessen
la Saltière ihre Briefe auffängt, und an deren
Statt falsche schreibt, bewegt er sie endlich,
durch einen eben dergleichen nachgeahmten
Brief von Hohenau, mit ihm sich auf den Weg
nach Berlin zu machen. Sie werden also gegen
den 15. dort ankommen, wo la Saltière dann
Charlotten in des Grafen Hände liefern will.

Dreyzehnter Brief von Meyer an Leidthal. Er
berichtet ihm mit traurigem Herzen, was er so
eben durch einen Brief von Carl erfahren hat.
Der Obrist ist nemlich schleunig gestorben, und
Charlotte ihrem Geliebten untreu geworden.
Wenig-

Wenigſtens glaubt Carl dies, weil er den von Mr. de la Saltière fälſchlich geſchriebenen Brief bekommen hat. Jetzt fürchtet Meyer, Hohenau werde ſchlechter werden, ohne Führer und ohne Liebe, in Berlin. Der Obriſt hat Carln in ſeinem Teſtamente bedacht. Meyer iſt äuſſerſt niedergeſchlagen.

Vierzehnter Brief von Weckel an Leidthal. Nachricht von ſeiner Heyrath. Ueber den Eheſtand. Kleine Reiſebeſchreibung. Ueber das Bekanntſchaftmachen, und die Kunſt ſich beliebt zu machen. Eine rührende Malzeit. Ein Landedelmann. Ein Pfarrer. Ein Lügner. Ein fürſtlicher Garten. Ein Trauerzug. Ein Regimentſchirurgus. Man ſoll niemand beſchämen.

Funfzehnter Brief von Hundefeld an ſeinen Vater. Er hat nirgends auf die Spur von Charlottens Aufenthalt kommen können. Nun kömmt er ſo eben nach Berlin, um wenigſtens Hohenau zu ſprechen. Er hat einen artigen Franzoſen angetroffen, dem er ſeine Geſchichte erzählt, und der ihm verſprochen hat, ihn morgen früh ſelbſt hinzu begleiten.

Sechzehnter Brief von la Saltière, Billet an den Grafen . . . . . Er ſchickt ihm einen aufgefangenen Brief, den Charlotte, die in Madam Schußts Hauſe iſt, an ihre Eltern fortſchicken wollte. Zugleich meldet er ihm, wie Hundefeld in ſeine Hände gefallen ſey, und

daß

daß er Mittel gefunden habe, denselben der
Policey verdächtig zu machen, damit ihm, ehe
er Hohenau sprechen könnte, vom Gouverneur
die Stadt verbothen werde.

Siebenzehnter Brief (Einschluß des vorigen)
von Charlotten an ihre Eltern. Sie klagt zärtlich darüber, daß sie keine Antwort von ihnen
bekömmt, schildert ihren jammervollen Zustand,
und bittet flehentlich um Errettung. Der Franzose hat sie nach Berlin in der Frau Schufit
Haus in der Töpfergasse geführt. Sie weiß
nicht, was für ein Haus das ist. Sie ist immer
krank, wünscht bald zu sterben, und weiß gar
nicht, wo Hohenau sich aufhält. Die Obristen
von M . . . . . Der Graf. Ein junges Mädgen, welches ihr aufwartet.

Achtzehnter Brief, von dem Grafen an die sogenannte Obristen von M . . . . Er ist unzufrieden
davon, daß sie Charlotten noch nicht bekehrt
hat. Sie soll bald Anstalt machen, das Fräulein aufmuntern, zu einer Unterredung mit ihm
vorbereiten, und das Mädgen, welches den
Brief an Charlottens Eltern hat besorgen sollen,
von ihr entfernen.

Neunzehnter Brief, von Ludwig Müller an seinen Vater. Er freuet sich über des Commer-
zienraths nahe Hofnung zu dänischen Diensten.
Ueber seine jetzige Lage. Ueber den Schauspie-
lerstand überhaupt. Künste in Deutschland.
Dichter.

Fünf

Erster

Erster Brief.

An den Herrn Meyer. Abzugeben in Göttingen.

Hamburg den 9ten Jenner 1774

Ich schreibe Ihnen auf Geheiß des guten Baron Leidthals, der so zerstreuet und niedergeschlagen ist, daß ich sehr fürchte, die Last von Unruhe und Kummer, welche er seit einem Jahre hat tragen müssen, wird Einfluß auf seine Gesundheit haben.

Wo sind Sie denn jetzt? Mögten Sie doch, wenn Sie diesen Brief bekommen, den jungen Hohenau gefunden haben! Aber wer weiß, wo Sie umherstreifen müssen, den

braufenden Jüngling zu fuchen, der uns
Allen fo viel Sorge macht?

Ich bekenne es gern, wenn es von mir
abhienge, ich wäre ihm längſt nicht mehr
nachgelaufen. Die Vorſehung ſorgt für ihn,
und wenn er ſehen wird, daß es in der
würklichen Welt ganz anders ausſieht, als
in einem empfindſamen Roman; ſo wird er
ſchon zurückkehren, und vielleicht noch einſt
ein nützlicher Mann werden.

Wehe denen Schriftſtellern, welche die
Phantaſie unſerer jungen Leute durch wildes
Feuer entzünden, ihre Sinne ſo reitzbar ma-
chen; daß ſie den Boden, worauf ſie treten,
für glühend halten, und bey jedem Fußtritte
laut ſchreyen! Da verſengt dann der zehrende
Blick eines ſolchen Schwärmers die ſchönſten
Fluhren um ihn her.

Der Grund zu dieſem Unglücke wird aber
ſchon in der Schule gelegt, wo man uns
dieſe

diese Welt als ein Jammerthal vorstellt, in welches der Schöpfer uns nur gesetzt hätte, um zu versuchen, ob wir auch Prüfung er, tragen könnten — Elender, den Allgütigen entehrender Gedanke! — So werden wir gewöhnt, über alle Seligkeit dieser Welt hinweg, in ein fernes Vaterland zu schielen, und undankbar die mütterliche Erde mit Füssen zu treten. Meiner Meinung nach sollte der Mensch ganz anders unterrichtet werden. Ehe die Begierden zu heftig, die Einbildungskräfte zu lebhaft werden, sollte man ihm die Schätze dieser Welt in ihrer ganzen Annehmlichkeit vor Augen stellen, damit er früh diesen blendenden Glanz ertragen lernte, aber auch eben so früh sollte er ge, wöhnt werden, Schmerz zu leiden. Mit ei, nem Worte, man sollte ihn unterrichten, das vielfache Gute, welches wir in dieser ir, dischen Wohnung schmecken können, recht herzlich fröhlich, aber mäßig und dankbar ge, niessen, die kleinen Ungemächlichkeiten aber, die ihm aufstoßen, für das zu halten, was

sie

sie sind, für unvermeidliche Folgen unserer
eigenen Abweichungen vom graden Wege,
und für Glieder in der Kette der Begeben=
heiten. Und erst dann, wenn er diese Welt
recht kennte, recht leben und geniessen ge=
lernt, und sich also zu einem nützlichen Bür=
ger einer bessern Welt gebildet hätte, erst
dann sollte es ihm erlaubt seyn, sich eine
seligere Zukunft zu wünschen.

Allein von wahrem Genusse und weiser
Anwendung dieses Lebens wird uns in der
Jugend sehr wenig, und dies Wenige sehr
trocken gesagt. Man fühlt dann bald, daß
es unvernünftig seyn würde zu glauben, der
gute Schöpfer habe uns funfzig Jahre des
Jammers bestimmt. Wenn nun das Alter
der Wünsche und des Verlangens herantritt,
dann angelt der Jüngling nach Freuden, die
er nicht geniessen gelernt hat. Aber er hat
auch das Ungemach nicht wahrhaftig ertra=
gen, sondern nur mit kaltem moralischen
Lumpengewebe überspinnen gelernt. Er ist

in

in dieſer Welt ſo neu als möglich. Kömmt er nun in eine Lage, wo ſo viel unbekannte Gegenſtände auf ſeine Sinne würken, daß er ſich im übermäßigen Genuſſe derſelbe be⸗ rauſcht, und nachher dafür leiden muß, oder verſagt ihm das Schickſal manches eitlen Wunſches Gewährung, ja! dann muß der Himmel die Schuld tragen; Er murrt gegen die Vorſehung, und wünſcht ſich in eine an⸗ dre Welt.

Hier kommen ihm unſere neueren Schrift⸗ ſteller herrlich zu Hülfe. Die liefern ihm Ideale nach ſeinem Herzen, und unterhalten ſeine elende Schwärmerey. Da winſelt ein jämmerlicher, in der bürgerlichen Welt un⸗ nützer Müßiggänger ihm, von ſeinem Dach⸗ ſtübchen herunter, Klagelieder über die un⸗ dankbare Welt entgegen. — Dann geht erſt das rechte Unglück an. Er glaubt, hier ſey nun einmal nichts mehr für ihn zu thun, alſo handelt er wie ein Raſender, und wird, ehe er Mann iſt, ſchon ein unnützer

Bürger

Bürger — Ins Zuchthaus mit solchen
Schriftstellern!

Ueberhaupt! Wäre denn gar kein Mittel
bem unseligen Bücherschreiben Grenzen zu
setzen? Die Wissenschaften sind nun einmal
eine res communis geworden; Indessen liesse
sich viel darüber sagen, ob es nicht besser
wäre, wenn sie, wie ehemals in Egypten
und andern Ländern, das Monopolium eines gewissen Standes würden? Dies ist
freylich ohngefehr der nemliche Streit, als:
ob es gut sey die Zünfte aufzuheben oder
nicht? Es ist wahr, wenn man keine Zünfte
hat; so gilt der privilegirte Pfuscher nichts,
und der Mann von Verdienst gewinnt. Aber
ist nicht der Schaden eben so groß, wenn jeder Pfuscher arbeiten darf, was er will?
Wer hält sich nicht für berufen, ein Handwerk, das er liebt, zu treiben? und indeß
er, wenn er schlechte Arbeit macht, betteln
muß; so verliehrt doch der Staat den Mann,
der etwas, wozu er gebohren wäre, unterdessen

dessen treiben könnte. Er wird nie seine Un-
geschicklichkeit, sondern die Undankbarkeit
des Publicums anklagen. Darüber also sollen die Zünfte wachen, daß niemand sich zu
einer Lebensart dränge, zu welcher ihn die
Natur nicht berufen hat. Ob dies mit der
Gelehrsamkeit und dem Geniewesen so an-
gehe, ob es nicht zu Mißbräuchen und Unterdrückung Anlaß geben würde, das kann
ich nicht untersuchen. Aber dazu ließen sich
doch gewiß Anstalten treffen, daß nicht so
viel jämmerliches Zeug dürfte gedruckt
werden.

Könnte man nicht in jedem Lande eine
Deputation von redlichen, verständigen und
uneigennützigen Männern dazu festsetzen?
Ein Schriftsteller müßte sein Manuscript dahin, ohne sich zu nennen, abliefern: Aber
auch die Männer, aus denen die Deputation
bestünde, müßten dem Namen nach unbekannt
bleiben. Es würde untersucht, ob das Buch
irgend etwas enthielte, daß sittlichen Nutzen

bringen

bringen könnte. Wäre es so beschaffen; so
würde nicht nur die Herausgabe desselben er=
laubt, sondern auch der Verfasser auf alle
Art unterstützt, und sein Fleiß belohnt, da=
mit er nicht von einem geizigen Buchhändler
abhienge. Würde aber die Schrift verwor=
fen, oder als gänzlich elend erkannt; so bliebe
noch dem Verfasser das Recht zu appelliren
übrig, um sich nicht über Parthenlichkeit be=
klagen zu können. Es müßte ihm erlaubt
seyn, seine Handschrift an zwey Deputatio=
nen in zwey andern Ländern zu schicken.
Hätten nun unter diesen drey Richtstühlen,
zwey vor oder gegen die Sache gesprochen;
so müßte er sich dem Ausspruche unterwerfen,
und wenn nachher noch etwas von der Art
ohne Erlaubniß gedruckt worden wäre; so
würde der Verfasser in öffentlichen Zeitungen
beschimpft, oder des Landes verwiesen.

Diese Einrichtung würde nicht die Ge=
brechen der gewöhnlichen Büchercensuren ha=
ben, und die Deputirten dürften auch nur
über

über gewisse Arten Schriften richten. Wollte
aber jemand etwas gegen die Regierung oder
dergleichen schreiben; so müßte es ihm
durchaus erlaubt seyn, in so fern der Name
des Verfassers vor dem Werke stünde, denn
solche Schriften stiften, wenn sie Wahrheiten
enthalten, mehrentheils Nutzen, und scha-
ben, wenn es Verläumdungen sind, nur
dem Verfasser.

Doch, was ermüde ich Sie jetzt, zur un-
gelegenen Zeit, mit meinen Träumereyen?
Ich will Ihnen lieber Nachricht von unserer
Art zu leben geben.

Wir zogen, wie Sie wissen, im vorigen
Monate hierher. Es war eine traurige Scene,
als unser lieber Wohlthäter Urstädt verlaß-
sen mußte. Lassen Sie mich darüber schwei-
gen. Gewiß wird er noch lange in dem
Herzen seiner ehemaligen treuen Unterthanen
gegenwärtig seyn. Wie manchem Redlichen
hat er dort großmüthig geholfen, wie manche

A 5   Thräne

Thräne getrocknet! — Der Herr von Wallitz
hat wenige Tage nachher, wie man uns
schrieb, Besitz von seinem Hause genommen, und
ob er es gefühlt hat weiß ich nicht, aber gewiß
hat, ausser ein Paar eigennützigen Schmeich-
lern, kein Einziger den Tag seines Einzugs
gesegnet, kein Herz ihm entgegen geschlagen.

Wir bewohnen hier das mittelste Stock-
werk eines artigen Hauses. Der Baron
Leidthal geht wenig aus, und ich leiste ihm
beständig Gesellschaft. Noch haben wir nicht
viel Bekanntschaft gemacht, obgleich ich sehr
wünschte, daß unser guter Herr es doch versuchen mögte, sich ein wenig zu zerstreuen,
denn der Kummer nagt unaufhörlich an
ihm — Sein lieber Carl schwebt immer vor
seinen Augen.

Wären wir nicht in diese Traurigkeit ver-
senkt; so würden wir hier sehr glücklich leben. Der Verlust des Reichthums ist bald
verschmerzt, sobald man nicht Mangel leidet,

und

und das Leben in einer freyen Reichsstadt
hat etwas sehr aufmunterndes. Man sieht
da die Menschen mehr ihrem Instincte folgen,
statt daß in einer Residenz sich alles nach dem
Ton stimmt, den der Fürst angiebt, und der
oft, wenn das Unglück etwa einen schlechten
Menschen auf den Thron geklebt hat, wie es
denn zuweilen der Fall ist, äufferst elend ist.
Und dann wird alles durch die schändlichen
Triebfedern des Hofinteresse gezogen. Ver-
zehre ich nicht Geld genug im Lande, oder
ersetze diesen Mangel nicht durch Wind und
Ränke; Gefällt meine Wenigkeit dem Minister oder dem Schupußer (wer denn grade
der Liebling ist) nicht, und dieser gnädige
Herr äuffert sich darüber gegen jemand; so
bin ich in der ganzen Stadt mit einer Art
von Infamie bedeckt.

Nein! Man sage was man will gegen
die Reichsstädte; Hier sind wohl auch kleine
Verhältnisse, wie aller Orten, wo der Mächtige den Schwächern zurückdrängen kann,
aber

aber doch find, wenn ich mich sonst ruhig
halte, mein Vermögen, mein Ruf, mein
Glück, meine Ruhe nicht das Spiel der Willkühr eines schlechten oder schwachen Menschen, und ich finde immer einen kleinen Circul von Freunden, in deren Umgange ich
alle Verderbnisse der Welt vergessen kann.

Es herrscht hier in Hamburg auch sehr
viel Aufklärung, wahrer Geschmack an Wissenschaften und Künsten, eine vernünftige
Gleichhaltung der Stände, und ein sehr an-
genehmer, zutraulicher Ton in Gesellschaften.
Mein Nachbar controlirt nicht mein Haus-
wesen; Man erlaubt mir zu leben, mich zu
tragen, wie ich will; die jungen Leute sind
bescheiden, gefällig und sittsam. Man hört
wenig Persiflage. Es ist viel Familienbaus,
viel häusliche Glückseligkeit unter den Leuten,
und endlich hat man ja die Wahl unter einer
großen Menge Menschen aller Art, denn allgemein paßt freylich das Gemälde nicht auf
das Hamburger Publicum.

Den

— — — Den 10ten.

Ich war heute einige Augenblicke auf dem Baumhause. Welch' ein herrlicher Anblick von da hinunter die mit Schiffen beladene Elbe und so viel geschäftige Leute zu sehen! Unter dem Gewühle von fremden Kaufleuten dachte ich jemand anzutreffen, der aus dortigen Gegenden käme, und mir vielleicht Nachricht von dem Herrn von Hohenau geben könnte, aber vergebens. Indessen habe ich einen alten Freund gefunden, den Herrn Bellojoco, der aus Schweden kömmt, und morgen früh nach Mannheim abreiset. Er wird diesen Brief in Göttingen abgeben.

Eben habe ich unsern armen Herrn noch einmal gesprochen. Er bittet Sie durch mich, während Ihrer Nachforschungen Ihr Glück nicht zu versäumen. Man erwartet Sie in Dresden, wo Sie so dringend empfohlen sind, daß es Ihnen gewiß nicht mislingen wird, wenn nur das Eisen geschmiedet wird, weil es warm ist.

Wir

Wir umarmen Sie in Gedanken — O! mögten wir gute Nachrichten von Ihnen erfahren! Ich bin ewig

der Ihrige

Müller.

Zweyter

Zweyter Brief.

An den Freyherrn von Leidthal in Hamburg.

Donnergrund den 11ten Jenner 1771.

Noch ist alle meine Mühe, alle meine
Nachforschung vergebens gewesen; Ich
habe den unglücklichen jungen Menschen nicht
gefunden. Meine letzten eilig geschriebnen
Zeilen werden Sie, mein gnädiger Herr!
erhalten haben *. Ich konnte auf Hundefelds Gut und in der ganzen Gegend nicht
das Geringste von ihm erfahren. Was war
also natürlicher, als zu glauben, er sey gerade hierher nach Donnergrund gelaufen?
Aber auch hier will niemand nichts von ihm
wissen. Vor wenig Stunden bin ich angekommen, und habe so genau geforscht, als
man an einem ganz fremden Orte forschen
kann

* Diese finden sich nicht.

kann — alles umsonst! Die Frau von Don=
nergrund ist vorgestern hier angekommen;
Was aber das Sonderbarste ist; so hat sie
ihre Nichte gar nicht mit hergebracht, da sie
doch mit derselben abgereiset war, und nie=
mand erwartet hier das Fräulein.

Ich wollte gerabeswegs zu der Dame
gehn, aber es war so spät, und ich so ermü=
det von der Reise, daß ich diesen Besuch auf
morgen früh verschoben habe. Gern hätte
ich nun diese Nacht ein wenig geschlafen,
aber da ist unten im Wirthshause ein Lerm
von Werbern, der mirs, bey meinem ohne=
hin unruhigen Gemüthe, ohnmöglich macht,
ein Auge zu schliessen. Wie ich aber höre;
so werden sie nach Mitternacht weiter mar=
schiren. Ich bin also wieder aufgestanden,
um mich noch eine Stunde mit meinem theuer=
sten Wohlthäter zu unterhalten.

Mögte ich Ihnen etwas zur Aufmun=
terung sagen können! aber mein Herz ist
auch

auch so bedrängt; Alles stellt sich mir in trüben Lichte dar.

Die Werber und Recruten lermen unaufhörlich, singen, fluchen und toben durcheinander —

Gott! wie sind die menschlichen Anstalten
so verderbt worden! Ein Volk, das zu seiner
Glückseligkeit gesellige und bürgerliche Bande
unter sich geknüpft hatte, mußte sich in dem
Gebrauch der Waffen üben, um gegen die
Einfälle und Räubereyen einer weniger cultivirten, müßigen Nation geschützt zu seyn.
Nach und nach bediente sich ein Haufen der
Stärkern dieses Mittels, um die Schwächern
zu unterjochen — Nun ja! da war doch noch
Recht des Stärkern, Triumpf persönlicher
Tapferkeit. Aber, wie artete dis nach und
nach aus? Der Feige wollte auch seine Leidenschaften befriedigt wissen. Die Großen
dieser Erde fanden es bequemer, aus einer
Menge ihrer Sclaven eine Zerstörungsma

B schine

schine für ihre Nachbarn zusammen zu setzen.
Man erfand Mittel, zu tödten ohne zu fech-
ten, aus Schlupfwinkeln heraus zu morden.
Alle persönliche Tapferkeit fiel bald weg;
Wer die größte und die beste Zerstörungs-
maschine hatte, der hatte das größte Recht.
Jetzt werden die an dieses künstliche Werk
gehefteten Menschen so abgerichtet, daß man
ihnen zuerst ihren eigenen Willen nimmt, sie
zu Puppen macht, die ohne Ueberlegung für
die gute und böse Sache, zu Befriedigung
der thörichten Leidenschaften eines Einzigen
morden, rauben, hungern, wachen, gehen,
und stehen müssen, nachdem man ihnen durch
Zeichen einen Wink dazu gibt.

Diese Sclaverey, welche nach und nach
zur Gewohnheit, ja zur Ehre geworden ist,
hat aus unsern Fürsten, welche sonst nur
gewählte oder durch höhere Bestimmung auf
den Thron gesetzte Vorsteher waren, unsere
Götter gemacht. Ohne Murren müssen jetzt
Millionen Menschen sich als das Eigenthum
eines

eines Unwürdigen oder Feigen behandeln
laſſen, wenn er eine ſolche Militairmaſchine
zu ſeinem Dienſt bereit hat.

Da nunmehro nicht mehr Freyheit, Muth
und gerechte Sache das Glück des Krieges
beſtimmen, ihn herbeyführen oder entfernen;
ſo muß der Nachbar jeden Augenblick erwarten, daß man in ſein Reich einbreche, und
das Glück des Landes, deſſen Vorſteher er
iſt, der Raub irgend eines unruhigen Kopfes
werde. Er muß alſo auf alle Fälle auch eine
Schaar ſolcher Puppen halten, und weil
alſo ein Staat mit dem andern wetteifert;
ſo werden die ſogenannten Armeen jährlich
größer. Iſt der Staat nicht reich genug,
hierzu Fremde zu erkaufen; ſo muß auch der
wohlthätigſte beſte Fürſt die arbeitſamſten
nützlichſten ſeiner Unterthanen von ihrer Be-
ſtimmung weg, aus dem Schooß ihrer Familien reiſſen, und mitten im ſüſſen Frieden
ein ungeheures Heer zuſammen halten. Um
dies recht groß zu haben wird alles auf Er-

ſparung

sparung eingerichtet. Man gibt dem Manne,
der sein Leben der Willkühr eines Einzigen
widmet, kaum so viel Speise und Kleidung,
daß er nicht verhungert oder verfriert, und
unterdessen muß der nützlichste Theil der Un=
terthanen nicht für sich und seine Kinder;
nein! für die Erhaltung dieser armen Leute
arbeiten. Ein Herr, der recht landesväter=
lich denkt, und den Nahrungsstand in seinem
Lande nicht ganz will untergehn lassen, er=
richtet sein Heer aus Fremden — Und was
für Menschen werden da gebraucht, für die
Rechte der Menschheit zu kämpfen? Betro=
gene, verirrte Jünglinge, verworfene ver=
bannte Leute, welche Noth, Verzweiflung
oder Ueberlistigung in dies Joch spannt —

   Doch ist diese Einrichtung nun einmal,
wenigstens, so lange nicht irgend ein großer
Kopf Muth haben wird, eine Monarchie von
ganz anderer Art zu errichten, für mächtige
Fürsten ein nothwendiges Uebel geworden;
aber auch der kleine Monarch, der sein Land

gegen

gegen nichts als Bettler zu vertheidigen hat,
dessen Monarchie auf der Landcarte so klein
ist, daß die Namen der Städte über die
Grenzen hinaus geschrieben werden müssen,
will aus Eitelkeit nachahmen, was der
Größere aus Noth thun muß. Er hält sich
auch ein Heer von armen unglücklichen, aus-
gehungerten Leuten, die der hülflose Bauer
im Schweiß seines Angesichts ernähren muß,
um dem Fürsten die unschuldige Freude zu
gönnen, zuweilen zwanzig Prügel auf den
Rücken eines zur Geduld gewöhnten Geschöpfs
abzuzählen.

O! wer ein weiches Herz in seinem Busen trägt, der mögte blutige Thränen über
einen solchen Anblick weinen. Wenn doch
die guten Fürsten (es gibt deren noch, welche
die reinen Freuden der Seele fühlen können)
wenn sie einmal in sich gehen, und bedenken
wollten, wie gewiß es ist, daß diese Einrichtung die damit verbundene Verderbniß
der Sitten, und die Unterdrückung aller

wahr-

wahrhaftig großen Tugenden bald Europa so
entkräften wird, daß wenn dies noch ein
Paar hundert Jahre also fortdauert, und
immer höher gespannt wird, wir einst der
Raub irgend eines männlichen, rohen, nichts
fürchtenden Volks werden. Was fürchtet
der Mann, der nichts zu verliehren hat, die
Gefahr nicht kennt, für seine Freyheit ficht,
und gegen Maschinen zu kämpfen hat? Sollten sie nicht überlegen, daß hundert innigst
verbundene Männer, die ihren Fürsten lieben, dabey die gerechte Sache vor Augen,
die Beschützung ihrer ruhigen Hütten, und
das Glück ihrer unschuldigen Familien im
Herzen haben, daß diese eine sichrere Leib-
wache als zehntausend durch Furcht zusammen gehaltene Miethlinge sind? — Doch
eine höhere Hand wird gewiß diesen Klagen
bald ein Ende machen.

Es wird stiller unten im Hause. Sie
sind fort; Ich will mich zur Ruhe legen.

Den

Den 12ten Morgens 11 Uhr.

Ich bin bey der Frau von Donnergrund
gewesen, und nichts weniger als zufrieden
von diesem Besuche zurückgekommen; Denn
ohngerechnet, daß ich nichts von dem Herrn
von Hohenau erfahren habe; so hat mir auch
diese Bekanntschaft sehr wiedrige Eindrücke
eingeflößt.

Mögte ich in der Gemüthsverfassung,
darinn ich bin, Ihnen ein etwas lebhaftes
Gemählde von derselben machen können!
Stellen Sie Sich, mein gnädiger Herr! ein
kleines dickes Weib vor, deren breiter rother
Kopf nach hintenzu auf einem unförmlichen
Rumpfe wie angenagelt sitzt. Die Augen
klein und zusammengekniffen, die Nase in die
Höhe stehend, die Stirn in kurze Perpendi-
cularlinien gezogen. Ihre Stimme wie das
Rufen einer Heringsverkäuferin, ihr Gang
watschlich und langsam, ihr Lächeln wie das
Grinzen eines schadenfrohen Menschen —

B 4

Bey dieser würdigen Person wurde ich,
nachdem ich eine Stunde lang im durchräu-
cherten Lakaienzimmer gewartet hatte, von
einem Bedienten, der, wie beynahe alle Do-
mestiken, die Richtung von dem Character
seiner Herrschaft bekommen zu haben schien,
eingeführt.

Das ganze Haus hatte ein gewisses Ge-
präge hochadelicher hochmüthiger Armuth.
Alles sollte nachläßig umherliegend aussehen, und alles war doch gewiß künstlich aus-
gekramt. Der Bediente bedeutete mir, daß
ich die Füße auf dem Saale rein abtreten
sollte, obgleich der Boden äußerst schmutzig
aussah. Er öfnete mir sodann die Thür eines Vorzimmers, in welchem auf einer alten goldledernen Tapete viel Familienpor-
traitte mit Ordensbändern, wie deren auch
heut zu Tage mancher Narr kauft, und
mancher Kluge aus Politik annehmen muß,
hiengen. Es war hier nicht eingeheizt, doch
stund ein ungeheurer Ofen, auf welchem abe-
liche

liche Petſchafte gegoſſen waren, gleich neben
der Thür. Die Stühle waren von Schnitz
arbeit; Wer ſich hätte eine Stunde lang im
Sitzen darauf anlehnen wollen, würde eine
Menge Laubwerk auf ſein Rückenfell geprägt
haben.

Der Bediente ſchlich durch eine Tapeten
thür in der gnädigen Frau Cabinet, und mel
dete mich. Ein alter, unförmlich dicker grauer
Hund, von der Art, welche man Spione
nennt, bellte mir entgegen, als man mich
einließ, und ſtritt mit mir um den Vortrag.
Die Dame kam aus ihrem Schlafzimmer,
und ſetzte ſich ſogleich auf ein Canapee,
warf den Kopf zurück, befahl ihrem Hunde
Stillſchweigen, und fragte: „Was iſt zu
„Seinen Dienſten, Musjö?“ Hierauf legte
ſie ein Zeichen in ein auf einem Tiſche vor
ihr aufgeſchlagenes Gebethbuch, ſchlug es
zu, und irrte mit ihrem unſichern Blicke auf
meiner Figur herum.

Es

Es verdroß mich, daß das Weib mich Er
nennte, und mich so da stehn ließ; Dennoch
sagte ich ihr ganz bescheiden die Ursache,
warum ich zu ihr gekommen sey. Ueber die
Erzählung von unsers lieben Carls Thorheit
schlug sie beyde Hände zusammen, rief Jam=
mer aus über die Verderbniß der Welt und
der gottlosen, leichtfertigen Jugend, und
als ich geendigt hatte, sagte sie ohngefehr
folgendes:

„Ich weiß wohl, daß mein Fräulein Niece
„ein ridicüles Attaschement zu einem jungen
„Menschen gefaßt hat, mit dem ihr Bruder
„auf Universitäten, wo man nicht immer
„choisiren kann, sondern Leute von allerley
„Extraction um sich sehen muß, in Bekannt=
„schaft gerathen ist. Das wird wohl derselbe
„sogenannte junge Cavalier seyn, von dem
„der Herr redet. Ich höre aber, daß nie=
„mand recht weiß, wo dieser Pursche eigent=
„lich her ist, ob er von Familie ist, und ob
„er Vermögen hat. Sollte man es denken,
„daß

„daß heut zu Tage junge Mädgen von
„Stande sich so weit vergessen könnten, mit
„solchen Landläufern sich abzugeben? So
„lange ich das Kind bey mir gehabt habe,
„ist sie in der Zucht und Vermahnung zum
„Herrn erhalten worden, denn ich bin ihr
„Pathe, und der liebe Gott weiß, wie sie
„so hat aus der Art schlagen können. Wenn
„sich der Musjö Hohenau, oder wie er heißt,
„flattirt hat, daß er in unsre Familie kom-
„men, und dadurch vielleicht Versorgung
„erhalten würde; so hat er sich sehr geirrt.
„Mon Dieu! Er muß dem Fräulein weiß ge-
„macht haben, als wenn er von Familie
„wäre. Denn sonst hätte sie gewiß nicht
„einmal daran gedacht. Ich habe aus Com-
„miseration gegen das arme Kind, sie an
„einen sichern Ort bringen lassen, um da
„zur Raison zu kommen, und bethe täglich
„für sie, daß sie der Himmel stärken wolle,
„damit sie dem bösen Feinde widerstehe, und
„ihrer Familie Ehre mache; denn ich habe
„eine Partie für sie, und sie wird auch die
„Thor-

„Thorheiten bald vergessen haben, wenn sie
„hört, was für ein Zeisig der Musjö ist.
„Uebrigens habe ich nichts weiter von Sei=
„nem jungen Purschen gehört, und ich weiß
„auch nicht, wie Er dazu kömmt, mich
„darum zu fragen. Suche Er ihn, wo er
„glaubt, daß er ist; Mich geht das nichts
„an. Er wird wohl irgendwo unter die
„Soldaten gegangen seyn. Kann ich Ihm
„aber sonst dienen mit meinem Gebethe oder
„andern christlichen guten Werken; so wird
„mir es ein Plaisir seyn,‟

Ich hatte kaum Fassung genug das be=
leidigende Gewäsche anzuhören; Auch sagte
ich der Dame einige sehr beissende Dinge
über ihre Art sich auszudrücken, über die
geerbten Vorzüge des Adels, über des Herrn
von Hohenau Character u. s. w. Nach eini=
gem Hin= und Herreden, in welchem sie oft
wiederholte, daß sie von dem armen Carl
nichts wisse, und mir den Aufenthalt des
Fräuleins zu entdecken nicht für nöthig halte,

war

war ich schon im Begriff voll Verdruß fort=
zugehn, als sie mich zurückrief, und mir
sagte: Sie habe auf ihrer Reise einen jungen
Menschen gesehn, den sie in Allem natürlich
so beschrieb, wie unser Pflegesohn aussieht
und gekleidet ist. Dieser sey des Nachts mit
ihr in demselben Wirthshause gewesen, habe
sehr traurig ausgesehn, und sey, wie der
Wirth nachher erzählt habe, mit dem Post=
wagen nach Eisleben in der Grafschaft
Mannsfeld gereiset.

Nun, mein theuerster Herr? Was soll
ich jetzt thun? Der Beschreibung nach müßte
ich glauben, daß dies der Herr von Hohenau
gewesen ist — Was kann ich also bessers
thun, als ihm nachreisen? — Aber was
will er in Eisleben? Zu welchem Zwecke?
Die ganze Begebenheit ist mir ein unauflös=
liches Räthsel. Ich weiß nicht recht wozu
ich mich entschliesse — Eisleben bringt mich
zugleich näher nach Dresden, und wo soll
ich ihn sonst suchen? — Ja! ich will hin.

Treffe

Treffe ich ihn nicht an; so erwarte ich Ihre
weitern Befehle. Gern will ich die Aussichten, welche Sie mir in Dresden so großmüthig eröfnet haben, aufopfern, wenn ich
Hofnung haben kann, unsern Flüchtling in
einer andern Gegend zu finden. Allein ich
sehe dazu noch keine Aussicht. — In einer
Stunde reise ich ab.

3 . . . den 13ten Abends.

Hier übernachte ich, und da ich auf allen
Posten genaue Nachforschung angestellt habe;
so bestättigt sich meine Hofnung, daß ich ihn
finden werde, und daß Er es war, der mit
der Post nach Eisleben gereiset ist — Gott,
mögte es wahr seyn! Gern reisete ich noch
heute ab, aber ich bin zu müde.

Wissen Sie denn auch, mein gnädiger
Herr! daß ich an dem Orte, wo ich jetzt bin,
manche vergnügte Stunde verlebt habe? Ich
hatte diesen Abend eine rührende Scene, die
auf

auf einmal die Erinnerung derselben lebhaft in mir zurückrief.

Hier besaß der Herr von P . . . . . ein Landgut; Er selbst aber war Hofrath in W . . . . Ein lieber, sanfter Mann, nur etwas zu schwach, zu sinnlich. Er war mein Freund — Mögte der Himmel ihm jetzt fröhlige Tage schenken! — Aber er war nicht gemacht, um in dem Creise, den ihm das Schicksal angewiesen hatte glücklich zu seyn. Er verstand nicht die Kunst mit dem Genuße gut Rath zu halten, zu wirthschaften. Jede kleine Freude machte er zu einem Theil seines Wesens, und wer sie ihm raubte, der nahm ihm einen Theil seiner Existenz. Er liebte die schönen Künste, den sanften Umgang der Musen, und vergaß an der Seite eines holden Mädgens alles Ungemach des Lebens, aber auch alles, was man unterdessen nützlichers für die Welt thun könnte als scherzen und küssen. Folglich war er kein fleißiger Hofrath, aber der beste Anordner geselliger

Ver=

Vergnügungen. Daher kam es denn, daß
der Fürst in W . . . . von ihm, und er
von seiner Laufbahn in des Fürsten Diensten
nicht sehr zufrieden war, daß er sich nicht
höher schwung, wenig Gehalt hatte, und
also, weil er nicht reich war, und viel Geld
der Freude aufopferte, in seinen häuslichen
Umständen zurückkam. Er nahm desfalls
seinen Abschied, kehrte in sein Vaterland zurück, schmeichelte sich dort durch seine ange-
nehmen Talente sehr ein, und wurde aufs
Neue bey einem Collegium angesetzt. Hier
hatte er es mit einem Minister zu thun, der,
wenigstens von solchen Leuten, die nicht durch
sein allmächtiges Vorwort in den Dienst gekommen waren, viel Fleiß forderte. Mit
diesem lebte er in unaufhörlichem Kriege.
Der Mann hatte gar keinen Begriff davon,
daß ein Schauspiel einem Lande oft weniger
Schaden brächte, als ein Cammercollegium,
und daß es keine Sünde sey, über ein dé-
jeûné dansant eine Seßion zu versäumen. —
Kurz! hier glückte es auch nicht, und unter-

dessen

deſſen waren meines armen P..... Fi⸗
nanzumſtände ſo zerrüttet, daß ſeine einzige
Hofnung blieb, auf ſeinem Landgute hier in
Z . . . ſparſam und ländlich zu leben.

Ein Mann aber, der an viel zuſammen⸗
geſetztere Freuden gewöhnt iſt, als welche
der Aufenthalt in einem Landſtädtgen gewäh⸗
ren kann, wird ſchwerlich je glücklich auf
dem Lande ſeyn. Ich war einſt acht Tage
lang bey ihm, als ich nach Berlin gieng *:
und fand ihn in einem Circul von Bauer⸗
knaben, die er vom Pfluge weg an die Bratſche
oder Baßgeige berufen hatte.

Dieſe Lebensart wurde ihm nun bald zu
einförmig. Er reiſete auf die Nachbarſchaft
umher, verzehrte viel Geld, kam immer tie⸗
fer in Schulden, und mußte endlich ſeinen
Gläubigern entfliehen, und ſein Landgut,
eine alte würdige Mutter und den Ruf eines
ehr⸗

* Erſter Theil 11ter Brief.

ehrlichen Mannes beym großen Haufen im Stiche laſſen.

Der Miniſter war unterdeſſen in Ungnade gefallen. Ich glaube, er hatte es verdient, aber ich nehme nicht gern Partey gegen den Gedrückten, und rede nicht gern wieder jemand, der ſich weder rächen nach vertheydigen kann. Genug, der Miniſter hatte, ſchuldig oder unſchuldig, ſeinen Abſchied bekommen, und das Gut des Herrn von P . . . . gekauft, wo er jetzt gewiß nicht glücklicher lebt, als der vorige Beſitzer, weil ſich hier weder Finanzplane, noch Commödienplane ausführen laſſen. Doch iſt nun das Haus angepinſelt, der Garten verſchönert worden; Er leidet alſo, wie es ſcheint, wenigſtens keinen Mangel, und könnte, wenn er weiſe wäre, zufrieden ſeyn, indeß P . . . . in der Welt, Gott weiß wo herumirrt.

Am Ende des Flecken, nicht weit von meinem Gaſthofe, iſt ein Haus, wo immer ein   alter

alter Invalide Wache hält. Ich gieng einige Augenblicke auf dem Platze auf und nie-
der, und redete mit dem Manne, der eben
da stand, von allerley Begebenheiten, von
meinem Freunde, der dort noch allgemein
geliebt ist, wo er wohl jetzt seyn mögte, vom
Minister, der sein Feind war, und von verschiedenen andern Dingen. Der Wachtmann
hielt einen alten verrosteten Degen in der
Hand, der aber bald meine Aufmerksamkeit
auf sich zog — Ich meinte den Degen zu
kennen; Er war von Stahl, und einst mit
Gold ausgelegt gewesen — „Ja," sagte
der Mann, „der hat auch dem guten Herrn
„gehört." Ich besah ihn genauer, und es
war würklich derselbe Degen, mit welchem
ich den ehrlichen P . . . in seinen Wonne-
tagen in W . . in einem Zirkul von Beyfall
lächelnden Damen hatte hin-und herflattern
gesehn — Einst die Zierde eines zur Gesel-
ligkeit gebohrnen Mannes, jetzt das Werk-
zeug, den unglücklichen Bettler, der hier
Hülfe sucht, von dem Thore abzutreiben —

Gefäß

Gefäß und Stichblatt waren abgenutzt, und
das Ohrband verlohren;— Von einem Juden,
der ihn in der Auction erstanden hatte, war
er für einen halben Gulden an seinen jetzigen
Besitzer gekommen —

· Der Anblick rührte mich; Ich dachte,
ich wollte den Degen an mich kaufen; Aber
doch entschloß ich mich anders. In meinen
Händen, glaubte ich, wäre er weniger merk-
würdig; Hier kann er noch lange ein Monu-
ment der Vergänglichkeit menschlicher Hoheit
und Freude seyn. Vielleicht wird ein anderer
Freund des armen P . . . . der hier durch-
reiset, dieselbe Ueberraschung haben, empfin-
den was ich empfand; und wenn der Degen
ganz abgenutzt und unbrauchbar geworden
seyn wird; wird auch vielleicht der gute
P . . . . nicht mehr auf den Beinen seyn,
oder glücklichere Umstände werden das Andenken seines erlittenen Ungemachs aus seiner Seele vertilgt haben.

Die

Die Augen fallen mir vor Müdigkeit zu; Morgen früh reise ich weiter. Ich will nun diesen Brief nicht eher fortschicken, bis ich in Eisleben bin.

Eisleben den 16ten.

Meine süßen Hofnungen sind leider! verschwunden; der Herr von Hohenau ist nicht hier, und der Jüngling, der ihm gleichen sollte, ist — rathen Sie, theuerster Herr! — ist des Herrn von Wallitz unehliger Sohn — Doch ich will alles ordentlich erzählen.

Als ich ankam, war mein erster Weg in das Posthaus — Ich fragte nach, man besann sich, erkundigte sich, und ich erfuhr, daß der junge Mensch, von dem ich redete, würklich noch in Eisleben war. Die Stadt ist klein, und bald ausgefragt; Ich fand auf dem Markte, ohnfern der Apotheke das Haus — Mein Herz schlug voll freudiger Hofnung. — Nachdem ich nun den Wirth

C 3

des

des Haufes gefragt hatte, ob nicht ein Jüngling, der mit dem Poſtwagen gekommen ſey,
bey ihm logiere, gieng er, ohne zu antwor-
ten, vor mir her, und führte mich drey
Treppen hoch in ein kleines Hinterſtübchen,
öfnete die Thür, und rief, indem er mich
hineinſchob: „Junger Herr! da iſt jemand,
„der Sie ſprechen will‟ und darauf gieng
er fort.

Ich trat alſo in das Zimmer, und ſah
nun bald, daß hier nicht war, was ich
ſuchte. Ein Jüngling von edlen Geſichts-
zügen ſaß vor dem Bette einer alten Frau,
und hatte derſelben, wie es ſchien, etwas
vorgeleſen, denn ich hörte noch den Laut der
letzten Worte, und er hielt das Buch in der
Hand, ſtand auf, als ich kam, und gieng
mir freundlich entgegen.

„Ich habe mich geirrt‟ ſagte ich, und
trat ein Paar Schritte zurück. „Verzeihen
„Sie, ich glaubte jemand, den ich kenne,
„hier

„hier anzutreffen." Der junge Mensch stedte
sein Buch in die Tasche, und machte mir
Entschuldigung, indem er versicherte: „Es
„thäte ihm leid, daß ich mich in meinen Er-
„wartungen betrogen hätte" und so beglei-
tete er mich wieder aus der Thür. „Ich
„führe Sie wieder heraus" setzte er hinzu,
„kann Sie auch nicht bitten, in diesem klei-
„nen Zimmer länger zu bleiben, denn meine
„arme Mutter liegt da an Leib und Seele
„krank, und wir haben nur die einzige
„Stube. Vorgestern erst bin ich wiederge-
„kommen, und habe sie sehr viel schwächer
„gefunden — die arme Frau!"

„Ich weiß es, Sie sind mit der Post
„hier angekommen" sagte ich, „und daß
„ist eben die Veranlassung die mich hierher
„führt. Es thut mir leid, daß ich Sie beun-
„ruhigt habe, und noch mehr, daß ich Sie
„bey einem Krankenbette finde. Ist Ihre
„Frau Mutter schon lange unpaß?"

C 4   „Ach,

„Ach, lieber Herr! rief der Jüngling
„seufzend, meine Mutter ist in einer sehr
„traurigen Lage, und wir sind hier ganz
„fremd. — Doch der Himmel wird schon
„helfen, und was hilft es, Sie mit einer
„langen Geschichte unserer Unglücksfälle zu
„ermüden?“

Wir waren nun bis an die Treppe gekommen, aber die sanfte Schwermuth des
guten Jünglings hatte zu viel Eindruck auf
meine Seele gemacht; Ich konnte nicht so
weggehn, sondern fühlte etwas, das mich
zu ihm zog. Ich bath ihn, seinen Kummer
in meinen Busen auszuschütten. „Es kann
„Ihnen vielleicht Zudringlichkeit scheinen“
sagte ich, „aber vielleicht erleichtert es Sie
„auch, wenn sie einem Menschen, der so sehr
„bekannt mit aller Art Leiden ist, Ihr Herz
„öfnen — Kommen Sie! wir wollen unten
„in ein Zimmer gehn, wo wir allein sind.“
Und so gieng ich voraus, und bath den Wirth
uns eine Stube zu öfnen. Zugleich ließ ich
auch

auch eine Flasche Wein bringen. Ich dachte:
„man ist so herzlicher, wenn man etwas um
„die Hand hat, und wer weiß, der arme
„Jüngling hat wohl in langer Zeit keinen
„Wein geschmeckt.“ Dann setzte ich zwey
Stühle an den Tisch, und ergriff den jungen
Menschen vertraulich bey der Hand, als hät-
ten wir viel Jahre mit einander gelebt.

Nicht leicht erinnere ich mich mehr aufge-
legt gewesen zu seyn, eine recht traurige Geschichte zu hören. Zwar fühlt meine Seele
immer eine Art von Wonne, wenn sie einem
armen gepreßten Herzen die Last des Kummers mit tragen helfen darf. Es ist so süß,
auch da wo man nicht Balsam des Trostes in
die Wunde gießen kann, doch ein brüderliches
Thränchen darauf zu weinen. Ja! ich weiß
es, was es heißt, zu leiden, und so umher-
zulaufen, nicht klagen zu dürfen, niemand
zu finden, der uns versteht, den wir würdig
hielten, daß wir auch nur einen Augenblick
die Bürde, die uns zur Erde drückt, vor sei-

ner

ner Thür hinlegten, sollten wir auch darüber
zu Grunde gehn. Deswegen dringe ich mich
so gern treuherzig dem Unglücklichen auf.
Aber, wie gesagt, heut war ich mehr als jemals in der Stimmung, mit diesem jungen
Manne zu weinen. Ein lebhaftes Gefühl
alles vergangenen und gegenwärtigen Leiden,
das Andenken an den armen verlohrnen Carl,
Ihr Schicksal, mein bester Herr! meine un-
gewissen Aussichten — Das alles kam auf
einmal in meine Imagination.

„Scheuen Sie Sich nicht“ sagte ich, und
schenkte ein, als der Wirth fort war,
„scheuen Sie Sich nicht! Ich bin ein armer
„Teufel, und auch nicht sehr beredet zum
„Troste, aber da ich selbst so viel gelitten
„habe“ — der Jüngling blickte mir wehmüthig in die Augen — „da ich selbst so viel
„gelitten habe; so giebt es mir Wonne, wenn
„ich einem leidenden Bruder sagen kann, daß
„ich in größern Plagen oft unerwartet Trost
„und Hülfe von oben herab gefunden habe,
„und

„und daß der, welcher nur Muth und Hof=
„nung und Zuversicht auf den guten Vater
„und Regierer der Schicksale nicht verliehrt,
„wenn die Noth am größten wird, der Er=
„rettung nahe ist. Denn sehen Sie, lieber
„Freund!“ fuhr ich fort, und rückte näher
zu ihm, „wer auf seine vollbrachte Laufbahn
„aufmerksam zurückschauet, die Kette der
„Begebenheit verfolgt, nachsinnt, wie sich
„oft alles so ganz wunderbar hat drehen
„müssen, um uns einem sichern Verderben
„zu entreissen; wer dann dies Gewebe einem
„Ohngefehr zuschreibt, und nicht die Spuren
„einer höhern planvollen Macht wahrgenom=
„men zu haben bekennt, der ist ein Narr
„oder ein Lügner. Ich habe vielleicht dop=
„pelt so lange als Sie in der Welt gelebt,
„aber ich habe noch kein dauerndes Unglück,
„durch die ganze Lebenszeit eines Menschen
„hindurch, bey irgend jemand gesehen —
„Und was wäre es denn auch, eine kurze
„wandelbare Lebenszeit hindurch mit Krank=
„heit und Armuth zu kämpfen? —

„Erscheinung! Ein Traum! Und welcher
„Zufall kann uns die mannigfaltigen Freu
„den rauben, die auch der gedrückte, be-
„drängte, verfolgte, miskannte Redliche
„aus sich selbst, aus dem Bewußtseyn der
„Unschuld, aus dem Anblicke der schönen
„Natur schöpfen kann? — Kommen Sie!
„Sagen Sie aufrichtig, was Sie quält?"

Der arme Mensch seufzete tief; Meine
Anrede hatte ihn bewegt — Seine Stimme
war beklemmt; Er konnte zuerst keinen festen Ton finden; Endlich fieng er an: Hier
ist seine Geschichte, die ich, wie Sie denken
können, oft durch Fragen unterbrach, als
ich hörte, daß Personen, die ich kannte,
darinn vorkamen.

„Es mag etwa vierzig Jahre her seyn,
„daß ein gewisser Herr von Wallitz, welcher
„Besitzungen in Ostindien hatte, und nur
„eines Processes wegen mit seinem Sohn
                                        „nach

„nach Europa gekommen war *, wieder in
„jenes Land zurückkehrte, seinen Sohn aber
„hier ließ, damit er in Halle erzogen wer=
„den mögte."

„Als dieser nun die Jünglingsjahre er=
„reicht hatte, wählte er den Militairstand,
„und wurde Lieutenant in sächsischen Dien=
„sten. Meine Mutter war ein armes un=
„schuldiges Bürgermädgen in Dresden. Der
„Herr von Walliß suchte Bekanntschaft mit
„ihr; Er war schön und angenehm; sie ge=
„fielen sich, ihr Umgang wurde immer ver=
„trauter; Endlich ließ sie sich, durch das
„Versprechen geblendet, sie einst öffentlich
„als seine Gattinn zu erkennen, von ihm
„verführen, ein festes, unglückliches Band
„zu knüpfen, das mir vor zwanzig Jahren
„das Leben gab. Ihre Eltern durften diese
„Ver=

* Vermuthlich zum zweyten mal, denn das erste
mal kam er im Jahr 1700. her, wie der 3te
Brief des IIten Theils bezeugt.

„Verbindung nicht erfahren; folglich war die
„Flucht das einzige Rettungsmittel für meine
„arme Mutter. Voll Zuversicht auf die
„Treue ihres Geliebten warf sie sich ihm in
„die Arme, und ließ sich an einen unbekann=
„ten Ort führen, woselbst sie mich gebahr.“

„Mein Vater besuchte sie in der ersten
„Zeit sehr oft, ließ uns auch keinen Mangel
„leiden; aber nach und nach kam er seltener,
„gab weniger zum Unterhalte her, wurde
„immer kälter, und verschob die priesterliche
„Trauung, unter allerley Vorwande, von
„einem Monathe zum andern. Er klagte
„dabey so oft über die Härte und den Geiz
„seines Vaters, der ihn auſſer Stand ſetzte;
„so viel für uns zu thun, als er wünſchte,
„daß meine Mutter groſmüthig genug war,
„gar nichts mehr von ihm anzunehmen, ſo=
„bald ſie merkte, daß es ihm würklich oft
„an dem nothwendigſten Gelde zu ſeinem ei=
„genen Unterhalte fehlte. Sie ſuchte ſich
„durch ihrer Hände Arbeit kümmerlich zu
„ernäh=

„ernähren. Ja! als er einst voll Verzweif=
„lung zu ihr kam, und ihr sagte, daß seine
„Ehre von Herbeyschaffung einer kleinen
„Summe abhänge, wozu er aber durchaus
„nicht Rath zu schaffen wisse, that meine
„Mutter, was vielleicht Wenige würden
„gethan haben. Sie hatte noch ein Paar
„kleine goldene Ohrringe, silberne Schuh=
„schnallen, und andre Kleinigkeiten an Pa=
„thengeschenken. Mit Freuden trug sie das
„alles zusammen, drückte es ihm zärtlich in
„die Hand, und freuete sich, etwas zu Ret=
„tung ihres Freundes beytragen zu können.
„Er schien den ganzen Werth dieser edlen
„That zu fühlen, nahm mich in seine Arme,
„drückte mich an sein Herz, indem er mir
„eine kleine hölzerne Dose gab, und ausrief:“
„Wenn du mir dies einst in glücklichern Ta=
„gen vorzeigen wirst; so müsse das Andenken
„dieser Stunde tief in meine Seele zurück=
„kehren.“ „Meine Mutter verstand nicht den
„Sinn dieser Worte, aber bald klärte sich
„das traurige Räthsel auf — Sie hat ihn
„von

„von diesem Tage an nicht wieder gesehen —
„Denn, stellen Sie Sich vor, der grausame
„Vater hatte noch ein andres armes Mäd=
„gen unglücklich gemacht, und gieng wenige
„Tage nach dieser Scene fort, nach Ostin=
„dien. Das verführte Mädgen starb in der
„Stunde der Gebährung zugleich mit dem
„kleinen Zeugen ihrer Schande, meine Mut=
„ter aber fiel vor Gram in eine langwierige
„Krankheit."

„Nach und nach linderte doch die Zeit,
„die beste Trösterinn in Widerwärtigkeiten,
„ihren heftigen Schmerz. Gute Leute nah=
„men sich unserer an; dabey arbeitete meine
„Mutter fleißig, als sie wieder hergestellt
„war, und wandte alles an, mir eine gute
„häusliche Erziehung zu geben. Ich fand
„an einem redlichen Schullehrer in Merse=
„burg einen Beschützer. Er unterwies mich
„ohnentgeldlich, und brachte mich, durch Hülfe
„einiger Wohlthäter, so weit, daß ich in Leip=
„zig die Theologie studieren konnte.".........

„Zwey

c. „Zwey Universitätsjahre waren nun bey=
„nahe zu Ende, als der würdige Mann vor
„eilf Monathen starb, und meine Mutter zu
„gleicher Zeit erkrankte.“

d. „Unterdessen war das Gerücht von der
„Wiederkunft meines Vaters zu ihren Ohren
„gekommen. Er hat Reichthümer mit aus
„Ostindien gebracht, und ist auch hier in
„Deutschland durch den glücklichen Ausgang
„eines Processes in den Besitz eines ansehn=
„lichen Ritterguts gekommen. Meine Mut=
„ter schrieb mir also, voll tröstlicher Ahn=
„dung, ich sollte zu ihr kommen, und mich
„zu einer Reise anschicken. Wir sammleten
„hofnungsvoll das letzte was wir auftreiben
„konnten (denn meine bisherigen Wohlthä=
„ter hörten auf mir etwas zuzuwenden,
„sobald der ehrliche Schulmann tod war; —
„Wie es denn in der Welt geht, wo so
„wenig Menschen aus Liebe zum Guten Gu=
„tes thun.)“

D   „Mit

„Mit dieſer kleinen Summe reiſete ich
„nach Urſſtädt — Ich hatte die Doſe, die
„mein Vater mir einſt gegeben hatte, in der
„Hand, als ich mich zu ſeinen Füſſen warf,
„und alles anwendete, die Sprache der Na=
„tur bey ihm geltend zu machen — Aber, ach
„lieber Herr! Laſſen Sie mich nicht weiter
„erzählen — “

Ein Strom von Thränen unterbrach
hier die Rede des Jünglings.

„Faſſen Sie Sich, lieber Freund!“ ſagte
ich — „Um des Himmels willen! Ihr Va=
„ter wird Sie doch in den Umſtänden nicht
„verſtoßen haben? “

„Mein Gott! Freylich hat er das“ rief
der Jüngling. „Ein unwürdiges Allmoſen
„wollte er mir geben, aber ich ſchlug es aus,
„und ſo jagte er mich unter harten Drohun=
„gen fort. Von dieſer Reiſe bin ich vorge=
„ſtern zurückgekommen, und habe meine arme
„Mutter

„Mutter sehr schwach gefunden — Doch
„blickte sie mir voll freudiger Hofnung
„entgegen — Aber ich mußte ihr den
„Dolch in das Herz stoßen — O mein
„Herr!“

Ich bath den Jüngling nicht weiter zu
reden; Es zerriß mir die Seele — „Uns
„mensch“ sagte ich, und sprang vom Stuhle
auf, „ja, ich erkenne dich; du bist der
„Mann, der meinen Wohlthäter aus seinem
„väterlichen Hause vertrieben hat.“ —

Was soll ich Ihnen weiter erzählen? Ich
weinte mit dem guten Menschen, sagte ihm,
wer ich wäre, und wie manchen frohen Aus
genblick ich in Urfstädt verlebt hätte, tröstete
ihn, und nöthigte ihm eine Kleinigkeit auf,
die er endlich annahm, weil ich in ihn drang,
und darauf bestand, daß seine Weigerung
mich beleidigen würde.

Und nun soll es meine erste Sorge seyn,
sobald ich nach Dresden komme, wenn es
nur irgend möglich ist, dem armen Jünglinge bessere Aussichten zu eröfnen. Wenn

D 2   mir

mir der Himmel, durch Ihr großmüthiges
Vorwort, eine Versorgung verschafft; so will
ich ihn zu mir nehmen, mit ihm theilen, was
ich haben werde, — Es giebt ja auch so viel
tausend Mittel Brod zu verdienen, in einer
großen Stadt, und indessen wird seine Mutter genesen.

Aber wo ist nun unser Carl? — Gott
wird bey ihm seyn — Ich kann nichts mehr
für ihn thun. Morgen reise ich nach Dreß-
den — Dort erwarte ich Ihre Befehle —
Mein Herz ist von so mancherley Gefühlen
bestürmt; Ich weiß nicht was ich thun, sagen und denken soll.

Leben Sie ruhig und zufrieden, theuerster, bester Herr! Ich bin ewig

Ihr

treu gehorsamster Diener

Meyer.

Dritter

Dritter Brief.

An den Herrn Hof-Cammerrath von Retzet in Beinfeld.

Donnergrund den 25ten Jenner 1771.

Mon chèr Ami,

Jetzund muß ich Sie Nachricht geben, wie ich unsre Sachen arrangirt habe. Gott sey gelobt! Alles ist in Ordnung, und meine Niece soll Ihre Gemahlinn werden; Ich habe sie würklich aus ihres Vaters Hause weggebracht.

Ich bath mir's von meinem Herrn Bruder aus, daß er mir seine Tochter anvertrauen mögte. Er consentirte sogleich, und da nahm ich sie denn mit mich.

D 3　　　　　Unter-

Unterwegens sagte ich: „Ma chère Niece!
„Ihr müßt jetzo Eure unanständige Paßion
„gegen den jungen Laffen aufgeben; dabor
„hilft nun einmal nichts. Ich weiß Euch
„eine beßere Partie, und habe schon mit Eu
„rem Vater geredet. Führt Euch vernünftig
„auf! Ich gebe Euch Zeit, Euch zu besinnen,
„und will Euch nicht eher auf meinem Gute
„sehen, bis ich höre, daß Ihr raisonnabel
„geworden seyd."

Dergleichen Vermahnungen hielt ich ihr
den ganzen Weg über, und recomandierte
ihr christliche Gebuld und Gehorsam gegen
ihre Familie. Ich sagte ihr, daß der Mann,
den ich ihr destinirte, zwar nicht von alter
Familie, aber von des Kaisers Majestät no-
bilitirt und sehr reich sey, auch sie in Betracht
der Alliance mit unserer Familie gewiß sau-
ber und fein halten würde. Sie stellte sich
aber gar wiederspenstig und opiniatre. Unterdessen waren wir nach Bachstädt gekommen, wohin uns Madam Käserink entgegen
kam,

kam, der ich sie sogleich übergab, und weiter
reisete.

—

Apréſent, mon chèr Ami, müſſen Sie
ſelbſt das Beſte thun.   Der Himmel wird
ſeinen Segen geben.   Ich ſchlieſſe Sie alle
Abend in mein Gebeth ein.   Sehen Sie zu,
daß Sie Sich bey ihr inſinuiren.

Aber ich hoffe denn, daß Sie auch Pa,
role halten, und mich den Wechſel, den Sie
von mich in Händen haben, wiedergeben
werden; Sintemalen ich für Ihnen ſehr viel
riskiere.

Die Frau Käſerink hat Ordre, nicht zu,
erlauben, daß das Mädgen an jemand
ſchreibt.

Nun, und ſo war es denn gut. Ich dachte,
aber wohl, daß der Amant bald nachgelaufen
kommen würde, und dictu factu, als ich hier
ankam, war der Maulaffe ſchon hier.   Er

D 4   rannte

rannte in den Hof hinein — Verzeyh' mir
meine Sünde! — wie ein toller Mensch.
Aber wie war er consternirt, als er mich allein sah, und selbe schöne Dulcinea nicht!

Nunmehro gieng er ins Wirthhaus, und
wollte da fragen. Da sind denn immer preuß-
sische Werber (die hat ja der böse Feind aller
Orten) und da dachte ich: „Holla! da wol-
„len wir den Musjö schon fangen.“ Darauf
schickte ich meinen Conrad hin, den Sie kennen, den hübschen Menschen, der immer bey
unsern Abendandachten ist, und beywohnt,
und ließ den Unterofficier avertieren. Das
war ein durchtriebener Vogel. Der fragte
dehn den jungen Herrn aus, und that als
wenn er ihm Nachricht geben wollte. Enfin,
weiß der liebe Himmel, wie er es so listig
angefangen hat, kurz! er hat ihn des Nachts
mit weggetransportirt.

Es war auch hohe Zeit, denn den andern
Morgen kam der Informator, der mit ihm

auf

auf der Univerſität geweſen iſt, zu mir, und machte einen Lerm, wie der böſe Feind. Aber den führte ich ab, und ſchickte ihn nach Eisleben, weil ich wußte, daß ein anderer junger Purſche, den ich unterwegens geſehen hatte, dahin gereiſet war. Da glaubte er, es wäre ſein Eheve, und reiſete dahin. Nun ſind ſie aus einander, und alles iſt ſtill.

Ich hoffe, Sie werden Wort halten. Noch eine Bitte habe ich. Ich habe in Beinsfeld eine Canzelbekleidung, für die hieſige Kirche beſtellt, von grünem Tuch, mit gelben Schnüren. Wollten Sie dieſe Kleinigkeit wohl bezahlen? Der Fuhrmann Madelieb wird es mitbringen.

Unterdeſſen wünſche ich gut Glück, und ſchlieſſe Ihnen in mein Gebeth ein, die ich verharre,

Ihre

ergebene, andächtige Dienerinn
Sibilla von Donnergrund.

D 5   Vierter

Vierter Brief.

An den Herrn Secretair Meyer in Dresden.

Hamburg den 29ten Jenner 1771.

Mein lieber Freund!

Sie haben gethan, was Sie thun konnten. Das Schicksal hat Ihre Mühe und unsre Hofnungen nicht begünstigt; Indessen wird der Himmel Ihren treuen Eifer belohnen.

Gehen Sie getrost nach Dresden — Doch, Sie werden nun schon da seyn, und Ihr Secretairspatent gefunden haben, welches seit vierzehn Tagen ausgefertigt ist.

Der arme Carl! — Es ist unbegreiflich, wo er geblieben ist; Aber wir können nicht mehr thun. Ich werde an Freunde in allen

großen

großen Städten schreiben; Es muß sich doch
endlich aufklären, was aus ihm geworden
ist. Eine höhere Hand lenkt unser Glück,
und ich habe die freudige Zuversicht, daß diese
Hand ihn auch auf seinem Irrwege leiten
wird.

Vielleicht ist gerade diejenige Erziehung
die beste, welche uns das Schicksal giebt.
Was helfen nun die Künsteleyen, die schönen
Theorien? Ich glaubte nichts versäumt zu
haben, das Herz und den Verstand des jungen Menschen zu bilden, und es ist mir doch
nicht gelungen, ihn zu einem guten, ruhigen
Weltbürger zu machen.

Ein unerwarteter Zufall macht oft alle
unsre Predigten zu Maculatur. Glücklich ist
das Volk, das keine Erziehungssysteme kennt.

Warum soll sich denn auch ein junger
Mann nicht einmal ohne Führer durch die
Welt arbeiten? Muß man uns immer am
Gängel-

Gängelbande führen? Ist nicht die ganze Erde unser Vaterland?

Umstände formen den Character, Schicksale bessern; Unglück macht milde, Erfahrung weise, Wiederwärtigkeiten stimmen herab; Leiden würkt Geduld, Schwierigkeiten erwecken den Geist, Weltkänntniß macht uns klug —

Wohlan denn! Er arbeite sich durch die Welt. Ich fühle etwas in mir, das mir sagt; er werde noch einst fröhlige Tage erleben.

Seyen Sie glücklich; Ich bin gefaßt und ruhig, und umarme Sie in Gedanken,

Leidthal

Fünfter

Fünfter Brief.
An die gnädige Frau von Donnergrund.
Eilig.

———

O, meine gnädige Frau! Was fange ich
arme Person an? Das Fräulein ist
mir fortgegangen, weiß der Himmel wohin.
Ich habe sie wie meinen Augapfel bewahrt —
Aber mir einen solchen Streich zu machen!
Gewiß und wahrhaftig! Es kann ihr nicht
gut gehn, nun sie das an mir gethan hat.

Ist das erlaubt, wegzulaufen, wie ein
gemeines Mädgen, und in dem Augenblicke,
daß sie nur aus der Thür gieng? Ist das
honett? Ich dachte, „sie wird ja schon wie=
„derkommen“ und warte, und warte —
Aber fort war sie.

Der

Der Kerl hätte schon vorher unten in der Stube gesessen, im Wirthshause, wo ich Ew. Gnaden entgegen kommen, und einige Tage bleiben mußte. Er sah aus wie der lebendige böse Feind, und gab sich für einen Officier aus. O! ich wollte ihn so beschreiben, wenn ihm der Steckbrief gefertigt werben sollte. Er schwebt mir noch vor Augen, der verruchte Mensch!

Er fieng an, mit mir französisch zu parlieren. Die Stube wurde oben gekehrt, deswegen waren wir unten. „Ich verstehe „kein Französisch“ sagte ich; „ich bin eine „ehrliche Deutsche“ Ja! darauf parlierte er mit dem Fräulein — Gott verzeyhe es ihm! Da müssen Sie es wohl verabredet haben. Es gieng ihnen beyden vom Maule weg, als wenn sie sich zehn Jahr gekannt hätten.

Ich merkte aber gleich Unrath. „Allo!“ sagte ich; „Fräulein! Wir wollen auf unser „Zim-

„Zimmer geht, es ist alles fertig — Pfui!
„wer wird sich so mit jedem schäbigten Kerl
„in einen Discours einlassen?"

Wie wir nun so saßen, und bald zu Bette
gehen wollten, gieng sie einmal in die Cammer. Ich muß eben ein wenig auf dem
Stuhle eingenippt seyn. Denn wie ich mich
besinnen konnte, war sie über alle Berge.
Der Wirth sagte, sie sey mit dem Kerl in
der Cariole fort, und ließe mich noch schön
grüßen.

O! ich arme Frau! Was soll ich nun anfangen? Das war als heute vor acht Tagen.
Ich gieng gleich den andern Tag zum Amts-
mann, aber der lachte mir in die Nase, der
Spitzbube!

Nun bin ich hierher gekommen — In
aller Welt, wer hätte das gedacht? — Allein ich bin unschuldig — Ach! gnädige
Frau! zürnen Sie nur nicht auf mich. Lassen
Sie

Sie den Kerl gefangen nehmen, und auf
hängen, wenn sie ihn haben. — So einen
Entführer! Ich habe vor Schrecken drey
Tage krank gelegen, und kaum das Herz gehabt zu schreiben; Aber Sie müssen es doch
einmal erfahren. Ich schreibe dieses Wenige
mit zitternder Hand, als Meiner gnädigen
Frau

unterthänige Magt

Clara Käserink,

Sechster

Sechster Brief.

An den Freyherrn von Leidthal in Hamburg.

. . . . . den 5ten Aprill 1771.

Nun, mein verehrungswürdigster Freund!
Wie geht es Ihnen denn? Haben Sie
noch einige Güte für den leichtsinnigen Menschen, der Sie aber immer so herzlich liebt,
und ewig lieben wird?

Wüßten Sie nur, wie oft mein Herz bey
Ihnen ist, wie sehnlichst ich wünsche, Sie
zufrieden zu sehn! Beruhigen Sie Sich doch,
bester Mann! Was ist am Ende alles Unglück in der Welt? Ein Mann, der so viel
Schätze in sich selbst besitzt, kann sich leicht
über den Verlust des elenden Reichthums
hinwegsetzen. Es ist wahr, Ihre edle Seele

:Roman III. Th.   E   hat

hat jetzt weniger Gelegenheit, die süße Freude des Wohlthuns zu schmecken. Aber ist nicht schon das innre Bewußtseyn, Gutes zu wollen, selbst da, wo man nicht kann, himmlisches Vergnügen?

Auch weiß ich, daß der Verlust der Glücksgüter das geringste Ihrer Leiden ausmacht. Aber Ihr armer Pflegesohn! — Nun! und hat der nicht auch einen Vater im Himmel, der für ihn sorgt? Wer weiß, zu welchem unvermutheten Glücke für den Rest seines Lebens die Erfahrungen, welche er jetzt einsammlet, ihm nützen?

Lassen Sie uns einen Augenblick alles Unangenehme vergessen! Ich will Ihnen etwas vorplaudern, das Ihnen Vergnügen machen soll.

Wissen Sie denn, daß ich mich in den heiligen Ehestand begeben will? Mein Oncle drang schon lange darauf, daß ich auch an

E **dieſem**

diesem christlichen Sacramente Theil nehmen
sollte, und da bin ich denn umhergereiset, die
Töchter des Landes zu besehen, und habe ein
gutes ehrliches Mädgen gefunden; die ich
herzlich lieb gewonnen habe, und alles ist
unter uns und unsern Verwandten richtig.

· Eleasar und Rebecca wurden beym Brun-
nen in einer Stunde ihres Handels einig.
Das war voreilig, wenn ich sagen darf;
Glauben Sie ja nicht, daß ich so gehandelt
habe. Ich kenne das Fräulein von M....,
des Oberamtmanns jüngste Tochter, schon
lange. Wären meine Umstände früher in der
Lage gewesen, darinn sie jetzt sind, ich hätte
schon vor drey Jahren um ihre Hand aus
gehalten.

· Mit einem Worte! Ich darf mit Zuversicht hoffen, geliebt und glücklich zu seyn;
Weil es aber doch eine langweilige Sache
für einen Dritten ist, von dem Liebhaber die
Apologie seines Mädgens zu hören; so will

ich

ich Ihnen lieber eine kleine Erzählung von meiner Reise machen.

Nachdem ich die Beystimmung aller übrigen Verwandten meiner künftigen Frau gewonnen hatte; so kam es darauf an, einen alten Oncle von ihr für mich einzunehmen, der an dem Hofe des kleinen Fürsten von . . . . lebt, und ein ganz sonderbares Original von Manne ist. Er ist reich; meine Braut hat einst viel von ihm zu erwarten, und obgleich es sonst ganz ausser meinem Character ist, dem elenden Gelde nachzulaufen; so dachte ich doch: „es ist der Mühe werth, den alten „Sünder zu gewinnen, den Podagra und Geiz „bald zu seinen Vätern versammlen werden."

Ich reisete also hin, ausgerüstet mit allerley Nachrichten von der Denkungsart des Mannes, den ich zu behandeln hatte.

Es war zu spät als ich ankam, um sogleich zu ihm zu gehn; Es war etwa sieben Uhr

Uhr des Abends. Der Wirth fragte, ob ich
in Gesellschaft oder auf meinem Zimmer spei-
sen wollte; Ich wählte das erste, und indeß
der Wirthstisch gedeckt wurde, bath ich,
weil ich allein war, den Herrn Hospes, mir
ein Buch zu leyhen.

Er brachte mir ein Andachtsbuch, geschrieben von dem Herrn Avenarius in Schmal-
kalden — Ein originelles Werk in seiner
Art! Die Leute, welche die in dieser Sammlung enthaltenen Gesänge, Predigten und
Gebethe gemacht hatten, führten lauter sonderbare Namen, als Steuerlein, Pfeffer-
korn u. s. f. Voran stand allemal der Lebens-
lauf des Verfassers eines solchen Gesanges,
und da fand es sich, daß sie mehrentheils
Informatorn gewesen waren, deren höchst
unwichtige Begebenheiten in dem wichtig-
sten Styl geschrieben waren. An typogra-
phischer Schönheit fehlte es auch nicht, denn
alle Anfangsbuchstaben waren mit herrlichen
Verzierungen versehen. Da sahe man ein J

E 3   mit

mit einer Alongenperücke, eine Sonne, darinn
ein Z stand, und dergleichen mehr — Welche Thorheiten doch der falsche Witz auch in
die kleinsten Anstalten mischt!

Ich legte das Buch bald auf die Seite,
fand ein Blatt vom Reichspostreuter, ersah
daraus mit Vergnügen: wo der König von
Neapolis zu Mittag gespeiset hatte; wie der
König von Frankreich die armen Haasen und
Hirsche bekriegt; durch welche Städte der
russische Courier, von dessen Geschäften man
nichts wisse, und der vielleicht an irgend
jemand ein Paar Armbänder überbringt,
passirt sey; in welcher fürstlichen Menagerie
eine Leopardinn trächtig ist; für welche
schwangere Fürstinn die Kirchengebethe geschehen; ob ein Prinz auf Reisen gegangen;
ob irgendwo ein Zwerg oder Zwitter zu sehen
ist; was man in Hamburg von den Verhält-
nissen der bourbonischen Höfe urtheilt —
Und während des Lesens kam denn nach und
nach meine Gesellschaft.

Ein

Ein Arztmann aus der Nachbarschaft, der Apotheker des Orts, ein abgedankter Officier, ein Kaufmann, und ein Mann, der sehr mystisch aussah, waren nebst mir die Tischgäste.

Man sprach anfangs wenig; Als man aber sich mit Speise und Trank gelabt hatte, wurde die Unterredung lebhafter.

Mich kannte man nicht, und lästerte daher oft über meinen künftigen Oncle. Man sagte: er trinke aus Geiz Kräuterthee, weil derselbe wohlfeiler wäre. Dabey glaube er immer, er sey krank, und habe neulich den Doctor eilig des Nachts aus dem Bette holen lassen, und dieser, weil er glaubte es sey Gefahr da, lief geschwind im Schlafrocke hin. Es fand sich aber, daß das Uebel sehr gering war, und daß der alte gnädige Herr es sehr übel aufnahmen, daß der Doctor in einer so unehrerbiethigen Kleidung erschien. Der Arzt, der ein schlauer Mann ist, merkte sich

das,

das, und als er bey einem ähnlichen Vorfalle
aus dem Schlafe geweckt wurde, schickte er,
statt seiner Person, seinen besten Sonntags-
rock nebst der Perücke hin.

Der Apotheker kam hier in sein Fach. Er
sprach von Medicamenten, welche bey ihm
verschrieben würden. Als er die Confectio
al Kermis nannte, glaubte der alte Officier,
es sey Confect zur Kirmiß, welcher Misver-
stand dem Herrn Amtmann gute Laune machte.
Bald nachher aber war von Comödien die
Rede, und da sagte der Amtmann: das sey
eine gute Motion, worüber denn wieder der
Officier lachte. Der Amtmann verließ früh
die Gesellschaft.

Da gieng es denn über den Fürsten her.
Man erzählte unter andern ein Stückgen von
ihm, das auch der Mühe des Nacherzählens
werth ist. Dieser Sultan hatte nemlich, bey
der Niederkunft seiner Gemahlinn, das ganze
Ländgen zu Gevatter gebethen. Unterdessen
reiseten

reiseten ein Paar Leute auf den Dörfern um,
her, und stellten den getreuen Unterthanen
vor, es sey doch billig, für diese landesvä,
terliche Aufmerkfamkeit, dem gnädigsten
Herrn ein Pathengeschenk zu geben. Jede
Gemeine wurde auf diese Art bewegt, sich zu
einer freywilligen Gabe zu unterzeichnen.
Nachdem diese Finanzoperation vollbracht
war, fieng man an, die Gelder einzutreiben,
und — O! Schande für den kleinen Despo,
ten! — man exequirte, und nahm den armen
Leuten die Betten aus den Häusern, um ih,
nen dies willführliche Geschenk abzujagen.

Der Kaufmann sprach beständig von Pfer,
den; Ich glaubte er handelte damit, erfuhr
aber, daß er nicht ein einziges im Stalle
hätte. — Wunderbar genug, dachte ich,
daß der Mensch zuweilen seine Fantasie
mit Gegenständen nährt, die er nicht be,
sitzt, oft nicht besitzen kann, und wovon
ihm also die Kenntniß völlig unnütz ist.
Wie mancher mischt sich auf diese Art in

Staats,

Staatshändel, in Geisterlehre; und allerley
für ihn verlohrne Dinge. Ja, dieser Kaufmann überschrie uns alle mit seinen Pferde-
gesprächen, und widersprach nur rund weg
jedem andern Vortrage, um bald davon abbrechen, und auf seine Lieblingsmaterie kommen zu können. Er hatte die wahre Gabe
zu überreden, in dem Sinne, wie man
jemand überreitet, nemlich über den Haufen
reitet.

Endlich verlohr sich nach und nach die Gesellschaft, bis auf den mystischen Mann, der
beynahe keinen Laut von sich gegeben hatte.
Es war eine abgezehrte, blasse, kränkliche
Figur, etwa vierzig Jahr alt, aber dem ersten flüchtigen Anblicke nach hätte man ihm
zehn Jahr mehr gegeben. Er hatte dünne
graue Haare, hinten in einen kleinen Zopf
gesammlet, eine Art von Tonsur, steckte in
einem sehr abgetragenen braunen Rocke mit
gelben Knöpfen, und hatte sehr schmutzige
Hände, als Einer, der vielerley angreift.

Sein

Sein Blick war unsicher, irrend, und zu=
weilen ohne Kraft in die Höhe strebend.

Er hatte mich vom Anfang an auf dem
Korn gehabt; es schien, als mögte er es mit mir
allein zu thun haben. Weil ich nun nicht gern
jemandes Hofnung täusche; so blieb ich gegen
ihm über sitzen, als die Andern fort waren.

Kaum war der Letzte hinausgegangen,
als er näher an den Tisch rückte, und ausrief:
„Mein Gott! mit welchen Kleinigkeiten be=
„schäftigen sich diese Leute! “

„Ja wohl!“ sagte ich. „Aber es ist nun
„einmal so durch alle Stände im menschli=
„chen Leben, daß jeder das für groß hält,
„was Beziehung auf seine kleine eingeschränkte
„Sphäre hat, indeß er alles übrige, was
„Andern wichtig scheint, verachtet. “

„Das ist wohl wahr,“ erwiederte er,
„und darüber wird die einzige Wissenschaft,
„welche

„ welche uns Aufklärung über alles in der
„ Natur giebt, so schändlich hintange=
„ setzt. Darum giebt es so wenig wahre
„ Philosophen, weil die Menschen so thöricht
„ sind, das für wichtig zu halten, was in
„ dieser irdischen Welt um sie her ist, in wel=
„ cher doch der Geist nur gereinigt werden soll,
„ um demnächst wieder in die Urquelle zurück=
„ zufliessen: Aber es giebt doch, Gott sey
„ Dank! Männer, die, in dem wahren Ge=
„ nusse der hermetischen Philosophie, Licht
„ um sich her verbreiten, und jener verheisse=
„ nen Periode entgegen arbeiten, in welcher
„ das Reich des Belial zerstört, und die Sinn=
„ lichkeit unterdrückt werden, in welchem das
„ Geistige wieder über das Materielle siegen
„ wird. Ja, mein Herr! Ich glaube es Ih=
„ nen anzusehen, und habe es aus verschiede=
„ nen Worten, die Ihnen entfahren sind, ge=
„ schlossen, daß ich mit Ihnen frey sprechen
„ kann. Sie sehen hier einen Mann in mir,
„ den Sie vielleicht nicht erwarten. Ich kann
„ wohl sagen, in mir ist mehr Gnade wirksam

„ gewor=

„geworden, als ich schwacher Mensch ver-
„diene; Aber nun bin ich auch, obgleich in
„Demuth, über alle Weltkleinigkeiten hin-
„aus, dringe mit dem Geiste in die Natur
„ein, und schmecke in reichem Segen, wie
„freundlich der Herr ist."

„Also," unterbrach ich ihn, „sind Sie
„vermuthlich ein Adept?

„Mein Herr und Bruder!" sagte er mit
der lächerlichsten Würde, „Unser Wissen
„ist Stückwerk, und alle Erkenntniß kömmt
„von oben herab; Aber was meine Augen
„gesehen, und diese Hände gefördert haben,
„das ist in meinem Herzen verschlossen, und
„nur einem treuen Mitverbundenen darf ich
„es offenbahren, wie groß die Herrlichkeit
„an mir gewesen ist. Sehen Sie nicht auf
„diesen Rock! Ach du lieber Gott! der Weise
„ist darüber hinaus, und meine Umstände
„sind jetzt leider so, daß ich nicht Gelegen-
„heit haben kann, zu arbeiten, sonst wollte
„ich

„ich dеß Goldes mehr haben, als jеtzt Kö-
„nige aufzutreiben im Stande wären. Ich
„reise blos deswegen, um einen würdigen
„Bruder aufzusuchen, der empfänglich für
„die Wahrheit, und nicht ganz fremd in der
„salomonischen Wissenschaft ist; mit dem ich
„dann arbeiten, und ihm etwas zeigen könnte,
„das die Augen ergötzt, und das Herz froh
„macht. Um Verzeihung! Sie wohnen hier
„in der Nähe?“

„Nein!“ antwortete ich trocken, und
stand auf, denn ich merkte nun wohl, mit
wem ich es zu thun hatte — Aber er erhob
sich auch von seinem Stuhle und trat vor mir
hin: „Mein Herr!“ sprach er, „Sie haben
„ein menschenfreundliches Herz. Können
„Sie mir nicht mit einer Kleinigkeit bey-
„stehn? Vielleicht bin ich im Stande, Ih-
„nen einst hunderttausendfältig wiederzuge-
„ben, was Sie heute an mir thun, denn
„meine Zeit ist noch nicht gekommen; doch
„kann ich Ihnen ein Arcanum für Ihre Ge-
                                „sundheit

„sundheit geben, nehmet haben Sie ein Gläs-
„gen mit einer hohen Arzeney; zwar nicht die
„erste Hauptmedicin, aber doch Tropfen, die
„Sie, wann Sie mir folgen, mäßig leben,
„und Glauben haben.“ — *

Ich ließ ihn nicht ausreden, griff in die
Tasche, gab dem Narren etwas Geld, aber
keine Vermahnung (denn solche Leute sind
nicht zu curiren). Ich verbath seine Arzeney,
ließ ihn stehn, und gieng zu Bette.

Den folgenden Morgen also rüstete ich
mich aus, dem alten Herrn Oncle meine Auf-
wartung zu machen. Ich ließ mich, sobald
ich

---

* Ich vermuthe nicht, daß der Herr von W. hier
die hermetische Philosophie angreifen, sondern
nur die Leute lächerlich machen will, welche,
wann sie aus Büchern, die sie nicht verstehen,
ein mystisches Gewäsche auswendig gelernt haben,
in der Welt umherreisen, auf leichtgläubige
Thoren und Schwärmer Jagt zu machen.

ich angezogen war, durch meinen Bedienten,
der seine beste Livree anziehen mußte, melden,
und sann unterdessen nach, wie ich meine
Rede einleiten, und wie ich es anfangen
wollte, den Mann für mich einzunehmen.

Ich bin glücklich in meinem Vorhaben gewesen; soviel will ich Ihnen heute nur noch
sagen. Die Art aber, wie ich es angriff, und
die übrigen Umstände meiner Reisebegeben-
heiten, behalte ich mir vor, Ihnen in meinem nächsten Briefe zu erzählen. *

Es soll mich innigst freuen, wenn Ihnen
mein Geplaudere einige heitere Augenblicke
macht. Noch einmal! muntern Sie Sich auf,
würdigster Freund! und zweifeln nie an der
treuesten Freundschaft

   Ihres

       Ihnen ewig ergebenen
         v. Weckel.

             Sieben-

* Der sich aber nicht in dieser Sammlung findet.

Siebenter Brief.

Von dem jungen Herrn von Hundefeld
an den Freyherrn von Leidthal
in Hamburg.

—————

den 12ten Aprill 1771.

Hochwohlgebohrner Freyherr!
Hochzuverehrender Herr!

Ich halte es für meine Pflicht, Ew. Hochwohlgebohren, obgleich ich nicht die Ehre
habe, Dieselben persönlich zu kennen, eine
Nachricht zu geben, welche freylich Ihr ge-
fühlvolles, leidendes Herz noch mehr beunruhigen wird, vielleicht aber auch dazu dienen kann, Sie näher auf die Spur von des
Herrn von Hohenau, meines ehemaligen
Freundes, Aufenthalt zu führen.

Ein Brief, den meine Eltern von meiner Tante, der Frau von Donnergrund, bekommen haben, hat uns Alle in neues Schrecken gesetzt. Sie schreibt darinn: „Sie habe „meine Schwester, welche sie mit sich von „hier weggeführt hatte, einer Freundinn „anvertrauet, indeß sie selbst noch eine andre „kleine Reise vornehmen wollte. Diese „Freundinn trat unterwegens des Abends „mit meiner Schwester in einem Wirths= „hause ab, wo sie des Nachts bleiben mußten. „Ein Mann, der französisch redete, unter= „hielt sich einen Augenblick mit meiner „Schwester, als sie unten im Hause standen. „Sie sprachen bekannt zusammen; Gegen „die Nacht aber entwischte auf einmal meine „Schwester aus ihrer Cammer, und als man „sie vermißte, sagte der Wirth, sie sey mit „dem Fremden davon gegangen.“

So unglaublich, so sehr ausser dem Cha= racter meiner Schwester diese Begebenheit auch ist; so können wir doch leider! nicht an

der

der Wahrheit der Erzählung zweifeln. Gewiß
hat sich also meine Schwester dem Herrn
von Hohenau in die Hände geliefert, die
unglücklichen Leute werden, wer weiß wo?
in der Welt umherlaufen, und indessen sind
meine Eltern von Kummer niedergedrückt —
Sie liegen beyde krank zu Bette.

Versäumen Ew. Hochwohlgebohren doch
nicht, ich bitte Sie inständigst, den Flüchtlin-
gen nachzuspüren; ich werde morgen selbst
nach Donnergrund und weiter reisen.

Meine Eltern überhäufen mich mit Vor-
würfen, geben mir und meiner Freundschaft
zu dem Herrn von Hohenau alle Schuld
ihres jetzigen Unglücks, und ich bekenne es,
bald reuet es mich, mein Herz mit einem so
leichtsinnigen Menschen getheilt zu haben.
Welch ein unkluger Schritt! Was wollen
diese jungen Leute nun anfangen?

Doch,

Doch, ich will Ew. Hochwohlgebohren nicht mit Klagen ermüden. Noch einmal bitte ich Sie angelegentlichſt, uns mit Rath und Erkundigung beyzuſtehn; der ich ehrerbiethigſt verharre,

Ew. Hochwohlgebohren.

ganz gehorſamſter Diener

Friedrich von Hundefeld,

Achter Brief.

An den Freyherrn von Leidthal in Hamburg.

Ich schrieb Ihnen, mein theuerster Wohlthäter! in meinem letzten Briefe, * wie sehr ich in allem Betracht Ursache habe von dem Zustande zufrieden zu seyn, in welchen ich jetzt — Dank sey es Ihren großmüthigen Bemühungen! — versetzt worden. Ich bin nun würklich schon so zu Hause in den Geschäften, welche mir meine angetretene Bedienung vorschreibt, als wenn ich viel Jahre darinn gearbeitet hätte.

Ich sage dies nicht zum Lobe meiner Geschicklichkeit, denn es ist in der That unglaub-

F 3 lich,

* welcher sich aber, nebst einigen andern, nicht findet.

lich, wie wenig dazu gehört, in einem Col-
legio den gewöhnlichen Strich von Arbeiten
mitzuhalten; und weiter wird ja nichts verlangt, im Gegentheil! man würde sich vielleicht sehr schlecht empfehlen, wenn man es
versuchen wollte, sich vorzüglich auszuzeichnen.

Wenn daher nur jeder wüßte, zu welcher
Laufbahn ihn das Schicksal bestimmt hat;
so glaube ich, man könnte auf Universitäten
eine Menge unnützer Dinge zur Seite liegen
lassen, die viel Zeit und Geld zu erlernen
kosten, und uns oft in der Folge zu gar nichts
nützen. Wie mancher studiert drey Jahre
lang die römischen Rechte, und ist nachher,
mit einem weitschweifigen juristischen Styl,
und einer völligen Unwissenheit von dem Zustande des Landes und der Landwirthschaft;
der elendeste Rath bey dem Cammercollegio,
und der Gottesgelehrte, der voll orientali-
scher Sprachkenntniß steckt, predigt, wenn
er Landpriester wird, den Bauern unver-
ständliches Zeug vor.

Ueber-

Ueberhaupt halten die sogenannten Brod-
studien manchen ab, solche Wissenschaften zu
treiben, deren Einsicht dem Menschen in jeder
Situation Nutzen und Freude schaffen, den
Kopf aufklären, und zu allen übrigen Geschäften tüchtig machen. Dahin rechne ich
hauptsächlich Mathematik, Naturkenntniß
und Sprachen. Was aber Philosophie betrifft; so denke ich fast, man sollte darinn
gar keine fremde Systeme studieren. Ich
glaube, wir würden sehr viel tiefere Blicke
und kühnere Schritte thun, wenn nicht früh
unsere Gedanken in ein Fuhrwerk gesetzt, und
auf einen Weg gebracht würden, der am
Ende grade dahin führt, wohin schon so
Viele vor uns her gereiset sind.

Ein anders ist es mit Wissenschaften, wo
Erfahrung auf Erfahrung gegründet werden
muß; aber da, wo es blos auf Scharfsinn
und intellectuelle Kraft ankömmt, da sollte
man dem Menschen das Originelle nicht nehmen. Denn eben daher kömmt es, daß wir

seit

seit einigen tausend Jahren so wenig wahr=
haftig neue Wahrheiten gefunden haben,
und daß wir die Bücher derjenigen Leute
für Unsinn halten, die ihren eigenen Weg
gehn; weil wir nemlich einmal an eine
conventionelle Gedankenreihe gewöhnt
sind, und jeder kühne Absprung davon,
uns aus unserm Concepte bringt.

Nun etwas von meiner kleinen häuslichen
Einrichtung! Ich bewohne ein Paar recht
artige Zimmer am Markte, in der Neustadt.
Vor mir sehe ich die vergoldete Bildsäule des
Königs August II., welche der Stadt den
Hintern zeigt, und eine lange Allee von Lin=
denbäumen, welche nach dem schwarzen
Thore zu führt. Zuweilen mache ich denn so
meine Betrachtungen, wie viel mehr sich ein
Fürst verewigt, wenn er, so wie der größe
Friedrich, denen Männern, welche dem Va=
terlande treue, wichtige Dienste geleistet
haben, Ehrensäulen errichtet; als wenn er
bey seinen Lebzeiten, aus Furcht, man
mögte

mögte es nach dem Tode vergeſſen, ſein eigenes Bild auf den Markt hinpflanzt.

Sie wiſſen, mein gnädiger Herr! daß ich
den jungen Walliß, ſobald ſeine Mutter zur
Erde beſtattet war, hierher geholt habe.
Weil ich nun nicht Platz genug in meiner
Wohnung hatte, ſo miethete ich ihm ein Zimmer in einem Hauſe ohnfern dem Jägerhofe.
Er ſcheint zufrieden mit ſeinem Zuſtande,
und iſt auch glücklich genug hie und da,
durch Unterweiſung und durch literariſche
Arbeiten für die leipziger Buchhändler, etwas zu erwerben. Alſo, hoffe ich, ſoll es
ſchon gut gehn.

Mein Präſident läßt mir ſagen, ich ſollte
in einer Stunde zu ihm kommen. Er iſt ein
würdiger Mann, der ſich allgemeine Ehrerbiethung und wahres Zutrauen zu erwerben
weiß. Es giebt Leute, die man nur be-
wundern kann, ohne ſie zu lieben; und
andre, an welche uns eine geheime Sym-

F 5 pathie

pathie feffelt, ohne daß wir eben würden
fagen können, was gut an ihnen ift. Aber
diefer Mann herrfcht über den Verftand fo
wie über das Herz aller derer, die mit ihm
in Verbindung ftehen. Ich fchmeichele mich
feiner Zuneigung, und bin ftolz darauf; Nicht
weil ihn das Schickfal zu meinem Cheff gemacht hat; fondern weil er ein befferer und
klügerer Menfch ift, als ich, und die Ordnung der Dinge will, daß man dem hervor-
ftechenden wahren Verdienfte huldige.

Vor zehn Tagen war ich in Hernhut, und
fahe die Einrichtung der Brüdergemeine. Ich
habe immer eine große Achtung für dies
ftille, gute Völkgen gehabt. Man fage was
man will; fo ift es gewiß, daß fie das Mittel gefunden haben, unter fich ruhig und
glücklich zu leben, und das Intereffe der Ein-
zelnen an das Intereffe des Ganzen zu binden. Der elende Unterfchied der Stände, das
Uebergewicht des Reichthums, der Jammer
der Armuth, der Luxus — Alle diefe traurigen

rigen Verderbniſſe fallen doch bey ihnen weg,
und alſo auch eine Menge unglücklicher Leis
denſchaften, die unaufhörlich an uns Andern
nagen, uns zwingen alles auf unſern Privat=
vortheil anzupaſſen, und allen eſprit public
in unſern Seelen verlöſchen.

Es wäre lächerlich zu behaupten, es gäbe
deswegen keine ſchlechte Menſchen unter ih=
nen; Aber das iſt doch zuverläßig wahr, daß
ihre innere Einrichtung ſie davor ſichert, daß
die Verirrungen einzelner Menſchen nicht den
Plan im Ganzen zerrütten können.

Zinzendorf war gewiß ein großer Mann,
und vielleicht würde man dies noch lebhafter
fühlen, wenn man ſeine geheimen Pläne, oder
wie er demnächſt mit ſeinem Häuflein auf
die übrige Welt würken wollte, genauer
wüßte.

Es iſt mir unbekannt, was für Köpfe
jetzt an der Spitze des Syſtems ſind; aber
davon

davon bin ich überzeugt, daß man mit einer
mäßigen Anzahl also abgerichteter, auf Einen
Ton gestimmter Leute sehr viel würken kann,
und daß man damit eine der europäischen
Welt so höchst nöthige moralische Revo=
lution, ohne alle Gewalt, durchsetzen könnte.

Wir arbeiten leider! täglich mehr daran,
alle Bande aufzulösen, und in weniger als
hundert Jahren werden wir die schrecklichen
Folgen davon fühlen. Verstünden nur die
Regenten ihr Handwerk! Mein Gott! man
kann ja mit den Menschen machen, was man
will. Unmerkliche, kleine, sichre Anstalten
können ungeheure Würkungen hervorbrin=
gen — Eine Uniform, eine Nationalkleidung,
ein allgemeines Nahrungsmittel, ein nomen
collectivum, flößen einen esprit de corps
ein, und binden Tausende, daß sie thun,
was sie nicht thun würden, wenn nicht diese
kleinen Gleichförmigkeiten unter ihnen herrsch=
ten; und ich bin sehr überzeugt, daß unsre
künstlichen Armeen viel öfterer in der Schlacht

aus

aus einander laufen würden, wenn sie nicht einerley Röcke trügen. Wußten die ersten Erfinder grausamer, unnatürlicher Maschinen solche listige Mittel recht gut zu nützen, warum sollte man dieselben nicht zu Durchsetzung edlerer Endzwecke gebrauchen können?

Es freuet mich innigst zu hören, daß nun auch unser redlicher Commerzienrath Müller Hofnung hat, in dänische Dienste zu kommen — Ach bester Herr! Sie sind unser Aller Wohlthäter, der Schöpfer unsres Glücks — Wie können wir Ihnen je genug danken! Doch, der bessere Lohn ist in Ihrem Herzen. Hätten wir nur den armen Carl wieder! Wie zufrieden wollten wir seyn!

Ich küsse Ihnen die Hände

Meyer.

Neunter

Neunter Brief.

An den Herrn Secretair Meyer
in Dresden.

Hamburg den 30ten May 1771.

Herzlichen Dank für Ihren lieben Brief.
Er hat mir in allem Betracht Vergnügen erweckt, vorzüglich aber, weil er die
Nachricht enthielt, daß Sie gesund und zufrieden mit Ihrem Zustande sind.

Was Sie an dem jungen Wallitz thun,
wird Ihnen der Himmel und Ihr Herz ver-
gelten — O! wenn ich je wieder in solche
Umstände käme, (und wer weiß? Mein Pro-
ceß ist ja noch nicht zu Ende) daß ich diesem
jungen Menschen, dem Sohne meines Ver-
folgers, glücklichere Tage machen könnte! ——
Freund! solch' eine Rache wäre doch wohl
süß!

füß! — Aber ich fühle, daß Stolz Antheil
an diesem Wunsche hat. Der Herr mögte
gern, daß sein Herz sagte: „Sich! das hast
„du an deinem Feinde gethan! Wie sich der
„jetzt schämen muß!"

Ueberhaupt glauben wir oft am uneigen=
nützigsten zu handeln, wenn wir es am we=
nigsten sind. Wir betrügen uns dann selbst,
wenn wir so im Stillen eine edle That voll=
führen, indem doch eine andre Leidenschaft
im Hinterhalte Acht giebt, und ein Protocoll
darüber abfaßt; Wir stellen uns aber, als
merkten wir das nicht. Nichts ist wahre
Tugend, als das, was aus der reinen
Absicht ausgeübt wird, die Vollkommen=
heit des Ganzen zu befördern — Aber wie
wenig solcher Handlungen giebt es?

Doch darüber wollen wir nicht zanken.
Genug! ich mögte dem jungen Wallitz gern
dienen, wenn ich könnte; Ihm wäre auch
im Grunde eben so viel damit geholfen, ob

ich

ich es aus Eitelkeit oder aus reiner Absicht
thäte. Und das ist wahrlich eine sehr feine
Einrichtung in der Welt, daß das Gute
doch geschieht, selbst von denen, die das
Gute nicht lieben, indem tausend kleine
Triebfedern den Willen herbeyführen.

Wir leben noch auf dem alten Fuße, der
ehrliche Müller und ich. Morgens gehen
wir zuweilen, wenn es heiteres Wetter ist,
ein bisgen umher, und ergötzen uns an manchen schönen Gegenständen, welche denen,
die an dieses Schauspiel gewöhnt sind, und
ihre Geschäfte im Kopfe haben, entwischen.

Diesen Morgen haben wir das Tollhaus
besehen — Ein Anblick, der jedem Men-
schenfreunde höchst wichtig seyn muß. Allein ich habe noch sehr viel an dergleichen
Anstalten auszusetzen. Man wendet zu
wenig Sorgfalt auf die Herstellung solcher
Leute.

Wir

Wir sind Alle mehr oder weniger Narren, das heißt: gewöhnlich ist eine Hauptleidenschaft so sehr Meister über uns, daß sie mit unserm Kopfe davonläuft, so oft sie uns allein, ohne Hülfe, antrifft. Die ganze Kunst besteht nur darinn, die Leibenschaften immer mit einander im Wettkampfe zu erhalten, und nach dem Jesuitensysteme: divide, & impera! zu verfahren. Wer dies kann, den nennen wir im gemeinen Leben einen klugen und guten Menschen.

Bey den eingesperrten Narren aber ist mehrentheils Eine Leidenschaft so mächtig geworden, als etwa die Maitresse über den schwachen Fürsten, oder gar zwey Leidenschaften, die sich gut miteinander vertragen, wie wenn der Cammerdiener sich mit in die Regierung mischt. Sie machen dann den armen Menschen, den sie beherrschen, taub gegen alle andre Eindrücke.

Warum ſtudiert man alſo nicht mehr die Quelle des Uebels? Man muß doch ſeinen Feind kennen, um gegen ihn ſtreiten zu kön‐ nen. Allein, wer bekümmert ſich darum in ſolchen Häuſern? Und doch iſt das wahrlich keine Kleinigkeit. Ich glaube, daß es wenig Narren giebt, die nicht durch eine kluge Be‐ handlung zu leiten, und dazu zu bringen wä‐ ren, was wir Vernunft nennen.

Den 31ſten.

Freuen Sie Sich, mein Lieber! da iſt ein Brief von unſerm Carl — Leſen Sie ihn ſelbſt! *

Sagte ich es nicht, daß ihn die Vorſicht gut leiten würde? Er iſt Officier, und — O unbegreifliches Schickſal! Er hat ſein Glück dem Manne zu danken, um deſſent‐ willen Sie einſt ſo viel gelitten haben.

Doch,

* Den folgenden Brief.

Doch, ich will Sie nicht länger mit meinem Geplaudere aufhalten, da Sie begierig seyn werden, die Einlage zu lesen — Der gute Müller ist so froh, als wenn Hohenau sein eigenes Kind wäre. Sehen Sie nun, daß der Himmel doch die guten Leute nicht verläßt?

Leben Sie wohl, und freuen Sich mit uns. Ich bin ewig

Ihr

treuester Freund,

Leidthal.

Zehnter

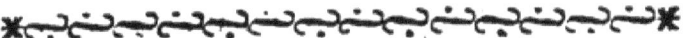

Zehnter Brief.

(in den vorigen eingeschloſſen.)

An den Freyherrn von Leidthal in Hamburg.

***

Berlin den 26ſten April 1771.

Darf ich es noch wagen, vor Ihnen, mein theuerſter, beſter Wohlthäter und Vater! mit dieſen Zeilen in der Hand, zu treten, und Sie reuevoll um Verzeihung der Unruhe, des Kummers zu bitten, den ich gewiß Ihrem zärtlichen Herzen werde verurſacht haben? —

Entſchuldigen kann ich meine Thorheit nicht. Aber Sie kennen ja das Weſen der Liebe, und wiſſen, wie ſchwer es einem jun-gen Menſchen von meiner Lebhaftigkeit iſt, die kalte Vernunft zu hören, wenn heftige Lei-denſchaft ſich der Seele bemeiſtert hat.

Das

Das Bewußtseyn der Unschuld und Rei-
nigkeit meiner Absichten, die Furcht, das zu
verliehren, was allein mich an die Welt fesselt,
Ihr Schickſal, vortreflicher Mann! welches
Sie doch ausser Stand setzte, fernerhin, ohne
Ihre eigene größte Ungemächlichkeit, für
mich zu sorgen — das alles trat auf einmal
so lebhaft vor meine Augen, daß ich mich
entschloß, es zu versuchen, meine Geliebte
den Händen ihrer Verfolger zu entreiſſen, und
mit ihr ein Winkelchen der Welt aufzusuchen,
wo wir, unbemerkt und ohngekränkt, mit
der Arbeit unserer Hände unsern Unterhalt
erwerben könnten — Ich hoffte, die Liebe
würde meine schuldlosen Absichten begünsti-
gen — Aber ach! wenn dieser Schritt zu
kühn, zu übereilt war; so bin ich hinlänglich
dafür bestraft; denn noch haben meine Augen
das liebe Mädgen nicht wiedergesehn, obgleich von einer andern Seite die Vorsehung
über mich gewacht, und mich dem Unglücke
entzogen hat, in welches meine Unbesonnen-
heit mich hätte stürzen können —

Noch

Noch einmal! Ich werfe mich zu Ihren Füßen; Entziehen Sie mir Ihre väterliche Güte nicht — Das Andenken alles dessen, was ich Ihnen zu danken habe, ist nie aus meiner Seele gewichen, kann nie verlöschen; Und sollten Sie mich auch verstoßen, und nichts weiter von mir hören wollen; so bleibe ich doch ewig Ihr Eigenthum. Aber das werden Sie nicht thun. — Haben Sie nicht immer mein Herz mit Nachsicht und Sanftmuth auf den rechten Weg geleitet? Sind Sie nicht mein Schutzengel, von meiner zartesten Kindheit an, gewesen?

Doch fühle ich mit innigster Freude, daß ich Sie nicht Ihrer Wohlthaten wegen, nein! daß ich den herrlichen, ausserordentlichen, edlen Mann in Ihnen verehre, den Mann, der so, mit allgemeiner treuer Liebe, Alles umfaßt, zu dem man sich hingezogen fühlt, ohne zu wissen wie. — Ja! ich bin so stolz, zu glauben, Sie könnten Sich nicht von mir lossagen, und Sie wollten es auch nicht. Und mit

mit dieser festen Zuversicht auf Ihren großen
Character, bin ich so kühn Ihnen zu sagen)
wie es mir seit der unglücklichen Stunde gegangen ist, da ich, mit zerrissenem Herzen,
meinen Freund in Göttingen verließ.

Ich lief nach dem Landgute zu, wo ich
meine Charlotte noch zu finden glaubte. Dort
wollte ich die Knie ihrer Eltern umfassen;
und sie beschwören, uns nicht zu trennen,
uns nicht das Leben zu nehmen. Aber sie war
schon mit ihrer Tante fortgereiset, und nun
glaubte ich keine Zeit verliehren zu dürfen,
ihr nachzueilen, um sie, wo möglich, den
Händen dieses schändlichen Weibes zu entreissen.

Der Schulmeister (der einzige Mensch,
den ich dort sprach) mußte mir den Weg beschreiben. Ich fragte von Dorf zu Dorf;
Aber schon gegen die Mitte der Reise verlohr
ich die Spur; Nirgends weiter hatte man
die Kutsche gesehen. Man machte mich irre.

G 4 Ich

Ich verlohr darüber acht Tage. Daburch
aber ließ ich mich nicht abhalten, sondern
gieng endlich nach Donnergrund. Doch, als
ich ankam, erfuhr ich zu meinem größten Er-
staunen, daß die Frau von Donnergrund allein, ohne ihre Nichte, angekommen sey.

Was war nun zu thun? Traurig und
unentschlossen stand ich da im Wirthshause.
Es waren preußische Werber * mit einigen
Recruten in demselben Zimmer, und auffer-
dem saß noch ein Franzose in der Ecke. **
Dieser nun näherte sich mir; Er merkte, daß
ich in einem unruhigen Gemüthszustande
war, und suchte jetzt auf die verbindlichste Art
mein Zutrauen zu gewinnen.

Das theilnehmende Mitleiden, welches
aus den Reden des Fremden hervorzuleuchten
schien, nahm mich armen Verlassenen bald
für

* Man sehe den zweyten Brief in diesem Theil.
** Wie der zwölfte Brief dies entwickelt.

für ihn ein. Ich erzählte ihm also mein
Schicksal, und er both mir Rath und Hülfe
an. Auch begnügte er sich nicht mit Worten,
sondern machte würklich Anstalt, mir Licht
über den Aufenthalt meiner Charlotte zu verschaffen. Er gieng aus, um, wie er sagte,
denen Bedienten der Frau von Donnergrund
das Geheimniß auszulocken; Ein Laquaie
kam bald darauf mit ihm in das Wirthshaus;
Sie sprachen unter einander, indeß er mir
durch Zeichen zu verstehen gab, daß er hoffe,
es werde alles gut gehn; Der Unterofficier
von den Werbern wurde hinausgerufen; Man
unterredete sich — Und, Gott verzeihe mir,
wenn ich dem Franzosen Unrecht thue! (Untersuchen habe ich es nachher nicht gewollt)
Aber sehr wahrscheinlich wird es mir itzt, daß
er gemeinschaftlich mit der Frau von Donnergrund mich den Werbern verkauft hat.

Kurz! er winkte mir, mit ihm zu kommen.
Wir giengen in ein anderes Zimmer, und nun
trug er mir folgendes vor: Er hatte nemlich,

wie

wie er sagte, von den Bedienten die Nachricht
eingezogen, daß die Frau von Donnergrund
das Fräulein (damit ich ihren Aufenthalt nicht
erfahren sollte) einer Verwandtinn anver=
trauet hätte, welche sie mit sich nach Berlin
nehmen wollte. „Ich reise morgen grade
„auch dahin," fuhr er fort. „Wollen Sie
„mir nur ein Paar Zeilen an Ihre Geliebte
„mitgeben, damit sie mir traue; so will ich
„schon Mittel finden, sie den Händen ihrer
„Baase zu entreissen; denn ich weiß genau
„den Weg, den sie nehmen muß, und auf
„mich wird niemand Argwohn haben. Sie
„aber müssen Sich mit den Werbern verab=
„reden, (denn ich kann Ihnen sagen, daß
„man Sie sehr verfolgt) eine Uniform anzu=
„ziehen, und unter derselben Schutze mit bis
„an die Grenze der preußischen Länder zu
„kommen. In Baruth in Sachsen aber blei=
„ben Sie, denn ich würde Ihnen eben nicht
„rathen, mit in das Preußische zu gehn.
„Dahin will ich aber Ihre Geliebte führen,
„oder durch sichere Leute bringen lassen. Nur
„muß

„muß ich mich darauf verlaſſen können, daß
„Sie dort ſind, und ich das arme Fräulein
„nicht irre führe.“

Ein Plan, der ſo einfach, ſo großmüthig
und natürlich ſchien, mußte mir nothwendig
gefallen. Ich dankte dem Franzoſen mit allen
Merkmalen der wärmſten Freude, und es
kam nun nur darauf an, die Werber zu gewinnen, daß ſie mir erlaubten, mit ihnen zu
gehen.

Wir riefen alſo einen von ihnen heraus.
Dieſer Böſewicht ließ ſich lange bitten; Endlich willigte er in unſere Abſichten ein; Ich
zog Uniform an, der Franzoſe fuhr mit der Poſt
fort, nachdem ich ihm vorher den verlangten
Brief an meine Freundinn gegeben hatte,
und ich marſchirte um Mitternacht mit den
Soldaten ab.

Keine Beſchwerlichkeit war mir unterwegens zu groß; Schlechte Koſt, theure Zeh-
rung,

rung, ein elendes Nachtlager — Alles ertrug ich mit Freuden, denn die Hofnung, meine Charlotte wiederzusehen und zu besitzen, überwog jedes Ungemach.

In der dritten Woche, als wir eines Tages in einem Städtgen einkehrten, kam (vermuthlich war das ein abgeredetes Spiel) ein Mann, und sah' uns Alle sehr aufmerksam ins Gesicht. Er verweilte sich lange bey mir, las eine Beschreibung meiner Figur her, die auf ein Haar zu meiner Person paßte, und darauf forderte er Rechenschaft von dem Unterofficier, ob und wie er mich angeworben hätte.

Der schelmische Unterofficier rief mich auf die Seite: „Was ist hier zu thun?“ sagte er, „Man wird Ihnen wohl einen Steckbrief „nachgeschickt haben. Jetzt werden Sie „mich in eine schöne Verlegenheit setzen. „Wir sind hier in fremder Herrn Lande. „Gewiß wird Ihr Papa, oder wen Sie sonst
„haben,

„haben, Sie verfolgen, und man wird Sie
„und mich festhalten." Ich war unerfahren
genug, dies zu glauben, und bath den Bösewicht, mich aus diesem Handel zu helfen.
„Hier ist kein anderer Rath," antwortete er
mir, „als daß Sie gradezu sagen: Sie
„seyen freywillig in Donnergrund von mir
„als Recrute angeworben worden; und dann
„will ich sehen, wer Ihnen ein Haar krüm-
„men soll. Doch machen Sie es, wie Ihnen
„beliebt. Ich wollte aber, Sie hätten mich
„ungeschoren gelassen."

Was blieb mir zu thun übrig? Ich sah
mich schon in Gedanken den Händen der Ju-
stitz überliefert, und Charlotten in Baruth,
in der traurigsten Lage, allein, verlassen,
vergebens sich nach mir sehnend. Der Vor-
schlag des Werbers, dem es gar nicht darum
zu thun schien, mich bey sich zu behalten, be-
hauptete also die Oberhand, und ich erklärte
dem Fremden: ich sey freywillig zum Soldaten angeworben worden, welches derselbe

nieder-

niederſchrieb, und mit Lächeln hinzuſetzte:
„Nun müſſe er mich wohl ziehen laſſen.‟

Von dieſem Tage an begegnete man mir
vollkommen wie einem Recruten. Denken
Sie an, beſter Vater! wie mir dabey zu Muthe
war. — Aber wer wollte ſich Meiner annehmen? Ich bath, drohete, ſprach von vornehmen Verwandten, von meinem Stande;
Aber man ſpottete nur über dies alles. Der
Unterofficier nahm auch einen ganz andern
Weg als nach Baruth, und ſobald wir im
Preußiſchen waren, überlieferte er mich einem
Officier, dem er mit der größten Frechheit
erzählte: Er habe mich angeworben; Und
als ich Himmel und Erde zu Zeugen des Be-
trugs anrief, zeigte mir der Hauptmann, zu
meiner größten Verwunderung, das Protocoll der Ausſage, ſo ich in dem Städtgen
gethan hatte, von einem Notar unterſchrie-
ben. Ich mußte alſo nebſt den übrigen Recruten vier Wochen hier bleiben.

Da

Da half nun kein Klagen, kein Grämen.
Ich fühlte die ganze Last des Unglücks, dem
mich meine Unvorsichtigkeit und Thorheit
ausgesetzt hatte — Aber ich mußte mich in
mein Schicksal finden. So oft indessen der
Gedanke in mir aufstieg, in welchen Zustand
ich die Freundinn meiner Seele vermuthlich
gesetzt hätte, lief ein kalter Schauer durch
meine Glieder.

Die Recruten wurden endlich getheilt.
Der Unterofficier, der mich so schändlich betrogen hatte, gieng wieder zurück, und ein
anderer führte den Transport, wobey ich
war, nach Potsdam. Daselbst kamen wir
des Abends an, und am folgenden Morgen
sollten wir dem Obrist vorgeführt werden,
dessen Regiment zwar in Berlin liegt, der
aber jetzt bey dem Könige war.

Ich erwartete sehnlichst diesen Augenblick,
denn mein Herz ahndete, daß dieser würdige
Mann nicht taub bey meinen Klagen seyn,

und

und daß er mich retten würde. Sobald wir
also sämtlich in sein Haus gebracht, und ihm
vorgestellt waren, faßte ich Muth, und bath
den Obristen, mit allem Anstande, den Erzie=
hung und das Bewußtseyn der gerechten
Sache geben können, mir eine geheime Un=
terredung mit ihm zu verstatten. Er bewil=
ligte sogleich meine Bitte, schickte die Andern
fort, und behielt mich allein bey sich.

Jetzt erzählte ich ihm, in der ungekünstel=
ten Sprache des Herzens, alle meine Un=
glücksfälle. Er hörte mir mit wahrer Theil=
nehmung zu, und schien gerührt, für mich
eingenommen, und bereit, mir zu helfen.
Er fragte nach jedem kleinen Umstande, und
ich mußte ihm oft die Nahmen der Oerter
und Personen wiederholen.

Endlich — O, bester Vater! Wer hätte
das denken sollen? — Als er recht nach des
würdigen Meyers Geschichte geforscht hatte;
fand sich's, daß dieser liebe Obrist grade
derselbe

derselbe Mann war, um deſſentwillen einſt
mein treuer Mentor ſo viel gelitten hatte, *
derſelbe Adjudant, welcher wegen muthmaßli-
cher Vertraulichkeit mit der Fürſtinn in ......
gefangen geſetzt wurde.

Nun ſchien er doppeltes Intereſſe für
meine Perſon zu faſſen. Es war keine Rede
mehr davon, daß ich ſein Recrute wäre; Ich
mußte den Soldatenrock wieder ausziehen,
und ſein ganzes Herz war beſchäftigt, mir
einen Plan für mein folgendes Leben zu
machen.

Allein ich konnte eher an nichts denken,
bis ich mich von dem Schickſal meiner Charlotte verſichert hatte. Der erſte Gebrauch,
den ich daher von meiner Freyheit machte,
war, daß ich meinem edlen Obriſten den
Wunſch äuſſerte, nach Baruth zu reiten.

Er

* Erſter Theil 11ter Brief.

Er schien diesen Vorsatz nur halb zu bil=
ligen; Doch, in dem Betracht, daß ich das
arme Fräulein in eine sehr mißliche Lage ge=
setzt hatte, stand er mir diese kleine Reise zu;
ja, er gab mir einen Reitknecht und Geld mit,
indeß er auch nach Berlin schrieb, um dort
Erkundigung desfalls einzuziehen — Aber
kein Frauenzimmer, kein Franzose waren in
Baruth angekommen, und nirgends konnte
man in Berlin auf die Spur treffen.

Ich kehrte also traurig zurück. Aber nun
fieng mein vortreflicher Obrist an, mir Vor=
stellungen wegen meiner künftigen Plane zu
machen: „Es ist eine ganz gute Sache um
„die Liebe,“ sagte er, „und ich kenne diese
„Leidenschaft vielleicht so gut als Sie. Allein
„Sie haben nun selbst gefühlt, daß sie auch
„ihre Bitterkeiten hat, und am Ende —
„Gestehen Sie es mir! — wäre es doch
„lächerlich, als ein irrender Ritter, in der
„Welt umher, einem Mädgen nachzulaufen,
„ungewiß ob man sie finden; ob man sie be=
„sitzen=

„ſitzen, ob man ſie würde glücklich machen
„können. Sie ſind jung, und haben dem
„gemeinen Weſen, für welches Sie gebohren
„wurden, noch gar nicht gedient. Verſu=
„chen Sie es, in der bürgerlichen Welt Ihr
„Glück zu machen, und Sich auf dieſe Art
„eine Ausſicht zu eröfnen, einſt dem Mädgen,
„das Sie lieben, ein beſſeres Glück anzubie=
„then, als wenn Sie jetzt Armuth und Hin=
„derniſſe, die Sie noch gar nicht alle kennen,
„mit ihr theilen wollten. Zudem iſt es
„noch nicht ſo gewiß, daß man ſie Ihnen
„entreiſſen wird, und endlich wiſſen Sie ja
„nicht einmal, wo ſie iſt. Ich verſpreche,
„Ihnen durch mein Vorwort eine Lieute=
„nantsſtelle zu verſchaffen. Bey meinem
„Regimente iſt grade eine Vacanz. Sie
„können dann bey mir wohnen und ſpeiſen,
„und ich ſtehe dafür ein, daß es Sie nicht
„reuen ſoll, mir gefolgt zu ſeyn. Gefällt
„Ihnen demnächſt dieſe Lebensart nicht; ſo
„iſt ja noch immer Zeit, ſie zu verändern,
„und unterdeſſen wollen wir uns auf Kund=

„ſchaft

„schaft legen, was aus Ihrer Geliebten ge-
„worden ist."

Er führte so viel Gründe an, diesen gütigen Antrag zu unterstützen, daß ich ganz ver-
blendet und undankbar hätte seyn müssen,
wenn ich ihn nicht angenommen hätte. Ich
dankte dem würdigen Manne aus der Fülle
meines Herzens. Er schlug mich dem Könige
vor, und seit wenig Tagen bin ich bey dem
Regimente angestellt, und thue würklich schon
Dienste.

Nun, theuerster Wohlthäter! So ist denn
jetzt mein Zustand besser, als ich es verdient
habe — Werden Sie mir nun Ihren väterlichen Schutz dazu, Ihre großmüthige Verzeihung versagen?

Beyliegender Brief meines lieben Cheffs*
wird mein Vorsprecher bey Ihnen seyn,
wenn es noch eines andern Vorsprechers, als
Ihres eigenen edlen Herzens bedarf, das so
gern wohlthut und verzeihet. Zugleich liegt
auch

* Dieser ist nicht in der Sammlung.

auch ein Brief von dem Obriſten und einer
von mir ſelbſt an den würdigen Meyer bey,*
um deren gütige Beſorgung ich ſo kühn bin,
Sie zu bitten.

Ach! wie verlangt mich von Ihnen Allen
Nachricht zu hören! Ich müßte heucheln,
wenn ich ſagen wollte, daß meine Seele ruhig
ſey, ſo lange ich nicht weiß, was aus meiner
Charlotte geworden iſt; Aber wenn etwas
in der Welt mich vergeſſen machen kann, daß
ich nur halb lebe, indeß ich in dieſer Ungewißheit bin; ſo iſt es die Verſicherung, daß
Sie glücklich ſind, und nicht ganz aufgehört
haben zu lieben,

    I h r e n

          treueſten Pflegeſohn,
        Carl von Hohenau.

    H 3   Eilfter

* woraus in dem folgenden Briefe Auszüge vor-
kommen.

Eilfter Brief.

An den Freyherrn von Leidthal in Hamburg.

Dresden den 10ten Junius 1771.

Mein theuerster Herr!

Unbeschreiblich habe ich mich gefreuet — so gefreuet, als vielleicht noch nie in meinem Leben. Unsern Carl gerettet, und einen längst verlohrengegebenen Freund gesund und glücklich zu wissen; das war mehr, als ich zu hoffen gewagt hätte. Ich will nun ein heiliges Gelübde thun, nie wieder im Unglücke zu verzweifeln, immer zu hoffen, und fest auf die Vorsehung zu bauen, die mit unbegreiflicher Kunst die Knoten unserer Schicksale auflöset, wenn sie auch noch so verwickelt scheinen.

Doch,

Doch, ich will Ihnen nun auch einen
kurzen Auszug aus der Erzählung mittheilen,
die mir der gute Obrist von seinen Begebenheiten, in dem Briefe, den er mir geschrieben hat, macht.

Sie wissen, mein gnädiger Herr! daß,
vor etwa fünf Jahren, eine unglückliche Ca-
tastrophe uns trennte. Der arme Adjudant
wurde gefangen gesetzt, und ich nach Berlin
geschickt, wo ich Sie anzutreffen das Glück
hatte, und mit Ihnen nach Urfstädt reisete,
ohne daß ich wieder etwas von meinem
Freunde erfahren konnte. Das gieng auch
sehr natürlich zu, denn obgleich er kaum ein
halbes Jahr lang gefangen gesessen hat; so
wußte er doch hernach nicht, wo er mich,
noch ich, wo ich ihn suchen sollte.

Er wurde in seinem Gefängnisse scharf
bewacht, durfte sich auch mit niemand, weder mündlich noch schriftlich unterreden, bis
der Tod des Fürsten auf einmal der Sache
eine

eine andere Wendung gab. Die Gemahlinn
gieng in ihr Vaterland zurück, und da das
Ländgen an ein anderes fürstliches Haus fiel;
so war es nun leichter, die Entlassung des
Adjudanten des vorigen Herrn zu bewürken.

Er hatte in der Residenz noch einen
Freund, der den Zusammenhang seiner Begebenheiten wußte; Ausserdem war die ganze
Geschichte ein Geheimniß geblieben. Dieser
ehrliche Mann nun verwendete sich für ihn.
Der neue Fürst war ein Liebhaber von raren
Thieren; Der Mann, der für meinen Freund
bath, hatte eine ganz besondere Art von Hü-
nern; Damit machte er dem Landesherrn,
zum Behuf seiner Menagerie, ein Geschenk,
und dies erleichterte um ein beträchtliches die
Loslassung des Gefangenen. Die Hauptsache
war aber, daß sich durchaus keine Nachrichten
von Verbrechen fanden, die ihm zur Last fallen konnten; Man sagte dem Fürsten: er
sey nur eines leichten Dienstfehlers wegen
hingesetzt worden; Privatcabalen gegen ihn

fielen

fielen weg; der Unterhalt eines Staatsgefan-
genen kostet denn auch immer Geld; und also
war es nicht schwer zu erlangen, daß ihn der
jetzige Fürst aus seiner Gefangenschaft be-
freyete, da er denn das Land verließ, und
zu einem Verwandten in Schlesien gieng.

Vorher aber erhielt er von dem Fürsten
den Abschied als Obristlieutenant; Wie denn
überhaupt manche neue Regenten gern, zu
Anfang ihrer Regierung, einige Beyspiele
ihrer fürstlichen Huld geben, um in den Zei-
tungsblättern ausposaunt zu werden, und
ein vortheilhaftes Licht auf ihre folgende Regierung zu werfen, welches sie aber bald wieder auszulöschen pflegen.

Jetzt bemühete sich sein Vetter, der vom
Könige von Preußen, dem er ehemals als
Gesandter wichtige Dienste geleistet hat, geliebt wird, ihm eine Laufbahn in dessen Diensten zu eröfnen. Es gelung; Man stellte
ihn dem Könige, der wahres Verdienst zu

H 5   schätzen,

schätzen, und Talente zu ermuntern weiß,
vor. Er wurde bey der Armee angesetzt,
und hat seit einem Jahre das Regiment,
worunter jetzt unser Carl dient, und welches
in Berlin in Garnison liegt.

Wunderbar, wie der Himmel unsre Begebenheiten lenkt, in einander verwebt, Menschen vereinigt, trennt, wieder zusammen-
bringt — So magisch, daß wenn nur mancher, ohne alle Zusätze, die Geschichte seines
Lebens schreiben wollte, wir einen sehr viel
verwickeltern und interessantern Roman bekommen würden, als die mehrsten derjenigen
sind, wo die Fantasie Histörchen zusammen-
flickt, denen man die Aengstlichkeit des Er-
finders, seinen Leuten Gerechtigkeit wiederfahren zu lassen, ansieht.

Warum schreiben also nicht mehr Menschen, ungeschminkt, die Geschichte ihres Lebens? Kann den Menschen etwas näher an-
gehn, als eine mit Treue und Beobachtungs-
geist

geist geschriebene Lebensgeschichte eines an=
dern, auch noch so geringen Menschen?
Oder schämt man sich, seine und anderer
Leute Fehler und Thorheiten aufzudecken? —
Als wenn nicht jeder wüßte, daß wir derglei=
chen haben! — Wird man deswegen den
Mann hassen, weil man erfährt, daß er,
durch Leidenschaft irregeführt, einst oder oft
nicht so gehandelt hat, wie wir — bey einer
Tasse Caffee glauben, daß wir handeln wür=
den? — Und wenn auch ein Mensch in einer
solchen Erzählung vorkäme, der uns als
durchaus schlecht gemalt würde, (Noch habe
ich zwar keinen dergleichen in der Welt ge=
funden) verdiente der es dann nicht, öffent=
lich an den Pranger, Andern zur Warnung,
gestellt zu werden? Würde das nicht mehr
Nutzen stiften, als manche bürgerliche Strafe,
die ohnehin nicht jeden vornehmen Bösewicht
erreichen kann?

Man sollte in dem einfachsten Styl er=
zählen: „Ich ..... bin in .... gebohren“
und

und so ferner. „Dort habe ich eine große „Schwachheit begangen, hier durch Ehrgeiz ge= „trieben, eine sehr schlechte Handlung gethan, „die mich itzt reuet. Dort hat mich ein Schurke „unschuldig verfolgt, und unter die Füße ge= „treten. Der Kerl ist jetzt Minister in .... „Canzler in .... Fürst, Bischoff in .... des „heiligen römischen Reichs ...." — (oder was denn der Kerl grade wäre). „Hier hat „jemand recht edel an mir gehandelt. Jetzt „ist der arme Mensch Senftenträger in .... „oder im Hospitale in .... gestorben, oder „gar irgendwo allgemein mißkennt, und von „einem Bösewichte als ein Schelm fortgejagt „worden, weil er zu ehrlich war." Und so fort erzählt, mit Nennung aller Nahmen der guten und schlimmen Personen. Glauben Sie nicht, bester Herr! daß solche Romanen Nutzen stiften könnten, daß sie Toleranz und Menschenliebe verbreiten würden?

Aber, in aller Welt! was mag aus dem Fräulein Charlotte von Hundefeld geworden seyn?

seyn? Das beunruhigt mich sehr. Ich glaube, Sie müssen doch ja nicht versäumen, ihren Eltern Nachricht von unsers Carls Unschuld an ihrer Entführung zu geben. Diesem aber wird man wohl nicht sagen dürfen, daß der Bösewicht, der Franzose, sie würklich fortgebracht hat, sonst vergeht er vor Schmerz.

Aber wohin kan er mit ihr gereiset seyn? Zu welchem Zwecke? — Vielleicht haben ihre Eltern schon Nachricht von ihr — Mein Herz nimt warmen Antheil an dem Schicksal des armen Mädgens; Mögte ich in Ihrem nächsten Briefe einige gute Nachricht darüber finden!

Ich verharre ehrerbiethigst,

Bester Herr! Ihr

unterthäniger Diener,
Meyer.

Zwölf

Zwölfter Brief.

An den Herrn Grafen von ..... in Berlin.*

à *Worms ce 4me d'Avril en* 1771.

Monſeigneur,

Siehe da mich endlich in Stand zu präſentir an Ihre Excellenz eine hübſche kleine Mädgen, die ich führe mit mir ſeit ein Paar von Monath, wie ein Schatz, den ich Ihr aufbewahr.

Das

---

* Wenn die Leſer am Ende dieſes Briefes den Nahmen la Saltière leſen; ſo werden ſie bald merken, daß dies derſelbe würdige Franzmann iſt, welcher im ſechſten Briefe des zweyten Theils auftrat, wo man ihn die jetzige Frau von der Hörde nebſt ihrem Geliebten in ein ſchlechtes Haus führen ſah. Es ſcheint alſo, als wenn dieſer Herr nicht die edelſte Art von Gewerbe triebe.

Das ist nicht, daß ich davon nicht hätte
können finden bis dahin, die würden haben
gezählt zum Glück, anzugehören an Ihre
Excellenz. Aber ich würde davon haben kön=
nen begegnen kaum, die gegleicht hätten der=
jenigen, wovon ich komme zu reden, und die
ein Hazard hat geliefert in meine Hände.

Ihre Excellenz weiß, daß Sie mir schrieb,
daß, in Zurückkehren von Spaa, ich sollte an=
wenden eine Theil von unser Gewinst, um Ihr
zuzuführen eine hübsche Maitresse. Ich mich
erkundigt da und dort, aber alles was ich
fand ne me convenoit pas. (Ich weiß nicht,
wie man ausdrückt das in Teutsch, und doch
ich liebe zu schreiben teutsch, seitdem daß ich
kenne diese Sprache, und daß ich Ihr mach
Vergnügen, indem derselben mich bedienen,
obgleich ich sey verbunden zurückzulaufen auf
jeden Augenblick an einem Dictionair.)

Endlich eine sonderbare Aventüre mich
führte gegenüber von einem jungen Menschen,
der.

der war auf der Verzweiflung, weil man
ihm hatte entführt seine Geliebte. Er machte
mich Vertraueter von seinen Strafen, und ich
ergriff den Augenblick, um ihm anzubiethen
meine Dienste. Er beladete mich selbst von
einem Briefe für seine Schöne, im Fall, daß
ich sie könnte finden, und ich war genug geschickt um auszugraben ihren Aufenthalt,
nachdem zu haben verhandelt den jeune da-
moiseau an die Werber der Preussen.

Ich machte nun Gebrauch von seinem
Billet, um zu entreissen die junge schöne
Person der Aufsicht von einer alten Gouver-
nante, indem ihr versprechend, sie zu liefern
in die Hände von ihrem Liebhaber, den ich
ihr verkaufte für meinen Freund. Und also,
im Ergreifen einen Weg durchaus entgegen-
gesetzt zu demjenigen, den er hatte genommen, kam ich an mit ihr hier in Worms.

Ich verstellte seyn in Verzweiflung,
nicht zu finden unsern Mann; Unterdessen
ich

ich sie behandelte mit der letzten Ehrerbie=
thung möglichst.

Sie gab in den Garn zu Anfang, weil
ich ihr versprach die Neuigkeiten von ihrem
Geliebten. Ich verstellte selbst zu haben von
seinen Briefen, in welchen er mir meldete,
wollen kommen in Wenigem. Aber endlich
sie schien sich zu mistrauen von meiner Auf=
richtigkeit. Ihre Betrübniß wuchs von Tag
zu Tag, nicht habend mehr Geld, und nicht
davon wollend annehmen von mir. Endlich
sie fiel sogar krank von Unmuth. Ich leyhete
ihr alle Hülfe möglichst, und träumend, daß
sie würde seyn mehr ruhig zur Seite von einer
Frau, ich ihr ließ eine Alte von meiner Be=
kanntschaft, vorgebend wollen suchen ihren
Geliebten, aber in der That, um ihr zu ge=
ben die Zeit, sich zu machen an ihr Schicksal,
und um zu arranger, die Sache von dem
Lotto in . . . . . wie es weiß Ihre Ex=
cellenz.

Aber bevor zu reisen, ich unterrichtete
wohl die alte Frau, wie sie sollte sich nehmen
mit ihrer jungen Mädgen. Ich ließ ihr alle
Arten von Romanen, die sie ihr sollte anbie-
then zu lesen. Zu gleicher Zeit ich schrieb
zwey Briefe, einen an ihre Eltern, den andern an den jungen Menschen nach Potsdam.
Ich bildete nach so gut ihre Hand, daß sie
selbst sich dabey hätte betrogen. Ein feiner
Teutscher mir kam zu Hülfe im Arrangement
von dem Styl. Ich schrieb an ihre Mutter:
daß sie sich war verheyrathet an ihren Freund,
und an den Amant: daß er nicht sollte träu-
men an ihr, und daß sie hätte gehabt das
Glück, zu finden eine Partie wohl mehr
convenable.

Von der andern Seite ich unterbrückte die
Briefe, welche sie schrieb, sie selbst, und die
waren erfüllt von Verzweiflung und Reue.

Während die zwey Monathe, daß ich
war abwesend, ihre Krankheit vermehrte von
Tag

Tag zu Tag. Sie hat nicht verlaſſen das
Bette. Unterdeſſen die alte Frau hat gewon￼
nen ihre Zuneigung, vorgebend, daß ſie zöge
das Geld, das ſie bezahlte täglich für ſie,
aus der Arbeit ihrer Hände. Die Demoiſelle
hat gütlich verſprochen zu erſetzen alles, ſo￼
gleich daß ſie würde haben Antwort von ihren
Eltern; dies mich hat gemacht lachen.

Ueber dieſe Begebenheit ich ankam geſtern,
und ihr mitbrachte einen Brief von ihrem Ge￼
liebten, aber den ich hatte geſchrieben ſelbſt,
und in welchem ich hatte gelegt zehn Louisd'or,
begleitet von der Bitte, zu kommen mit
Monſieur de la Saltière, ſein lieber Freund;
eiligſt nach Berlin, wo er wäre placiert vor￼
theilhafterweiſe, aber abgehalten durch eine
Fluxion am Fuß, ſie abzuholen in Perſon.

Die Kleine ſchauderte faſt von Freude, zu
dem Anblick von dieſem Briefe. Sie gab ſo￼
gleich vier Louisd'or von dem Gelde an die
Alte, verſprechend ihr zu ſchicken mehr.

Es iſt wahr, daß ſie ſchien zu fühlen einen
leichten Widerwillen, zu reiſen mit mir. Aber

J 2   endlich

endlich sie sich entschloß, und wir uns werz
den in die Route machen diesen Abend, neh=
mend den Weg durch Würzburg.

Ich zähle doch anzukommen mit ihr gegen
den 15ten von diesem Monath in Berlin, und
werde setzen Fuß an Erde in dem Hause von
Valet de Chambre von Ihre Excellenz, von
woher ich werde haben sogleich die Ehr, Sie
zu avertir, um zu arranger das Uebrige.

Endlich Ihre Excellenz fühlt wohl, daß ich
habe gewesen verpflichtet zu machen starke De=
pense, und daß mir übrigbleibt wenig von
Geld, das Sie hat wohl gewollt lassen in
meinen Händen. Aber auch ich halte mich
versichert, daß Sie Sich davon reuen wird
nicht, habend die Ehre zu seyn mit dem mehr
tiefen Respect,

Von Ihre Excellenz

der mehr unterthänige Diener
Jean Marie de la Saltière.

Dreyzehn=

Dreyzehnter Brief.

An den Freyherrn von Leidthal in Hamburg.

***

Dresden den 26ten Aprill 1771.

O mein theuerster Herr! Wie vergänglich sind alle menschliche Hofnungen! Da bekomme ich eben einen Brief von unserm Carl, der mich in Schrecken und Wehmuth versetzt.

Denken Sie nur, der redliche Obrist ist schleunig gestorben — Vor vierzehn Tagen kam der würdige Mann gesund vom Exerciren nach Hause; nach Tische fieng er an über heftiges Seitenstechen zu klagen; die Krankheit nahm täglich zu, und endigte vorigen Montag sein Leben. Da ich nicht weiß, ob Ihnen der Herr von Hohenau schon die traurige

J 3   rige

rige Nachricht gemeldet hat; so eile ich, Ih=
nen dies zu berichten — Sie werden es mei=
nem Briefe ansehen, wie sehr mich dieser
Fall betäubt.

Wieder ein rechtschaffener Mann weniger
in der Welt! — Und welch' ein Verlust für
unsern Pflegesohn! Auch ist jedes Wort von
ihm ein Abdruck des tiefsten Schmerzens.

Ja! der arme Carl leidet noch von einer
andern, sehr empfindlichen Seite; denn wenig
Tage vor dieser betrübten Begebenheit, hatte
er ein Paar Zeilen von seiner Charlotte, ohne
Benennung des Orts ihres Aufenthalts,
bekommen, darinn sie ihm, in Ausdrücken,
die, wie er sagt, gar unbegreiflich von ihrem
sanften Character, und auf keine Art, ihrer
würdig waren, schrieb: „Er solle nicht fer=
„ner an sie denken; sie habe eine andere, vor=
„theilhafte Partie getroffen." *

Zu

* Man erinnere sich, daß das der von dem Franz=
zosen fälschlich geschriebene Brief war.

Zu jeder andern Zeit würde ich es viel=
leicht für ein Glück halten, daß die Sache
auf diese Art ein Ende nähme, da doch we=
nig Hofnung zu Vereinigung dieser Leute da
war; aber jetzt, da der junge Mann, in einer
Welt wie Berlin, seines Führers beraubt,
sich allein überlassen bleibt; jetzt wäre ihm
eine tugendhafte Liebe, mögte sie auch ein
wenig romanhaft seyn, ein Leitstern gewesen.
Nun fürchte ich sehr für seine Sitten. Aus
seinem Briefe blickt Mismuth, Verzweiflung,
und eine gewisse Bitterkeit hervor, die mir
gar nicht gefällt.

Ich habe ihm geschrieben, was man in
solchen Fällen schreiben kann. Mein vor=
treflicher Obrist hat auch noch auf dem Tod=
tenbette für unsern Carl gesorgt. Sein Vet=
ter war grade in Berlin. Dieser, der von
dem Verstorbenen erbt, hat sich in dessen Ge=
genwart gerichtlich verbinden müssen, dem
Herrn von Hohenau, bis derselbe eine Com=
pagnie haben würde, monatlich vierzig Tha=
ler Zulage zu geben —

Der

Der gute Mann! — Das war also wieder ein kurzer Traum — Schon machte ich
Plane, ihn in künftigem Jahre in Berlin zu
besuchen. — Jetzt liegt er im Schooße der
mütterlichen Erde, und ist dieser unruhigen
Welt entflohn —

Was ich seit einem Jahre aufs Neue er-
lebt habe, betäubt mich oft so, daß ich Mühe
habe mich zu überzeugen, daß mir das alles
würklich also begegnet ist. Es werden kaum
vierzehn Wochen seyn, daß ich in Donnergrund im Wirthshause, um eben diese Stunde
saß, und um unsern Carl trauerte, der indeß
mit mir unter einem Dache war, ohne daß
wir von einander etwas wußten — Und
was ist nicht wieder in dieser kurzen Zeit vor-
gefallen! — Ach, bester Herr! könnte es ein
Verbrechen seyn, wenn meine Seele wünschte,
bald das Ende aller dieser Verwirrungen zu
sehn; wenn ich mich nach der Ruhe im Grabe
sehnte, wo Vergessenheit der Sorgen, wo
ewiger Frieden wohnt? —

Doch,

Doch, ich bin in einer so traurigen Stimmung, daß ich nicht weiter schreiben mag —
Thränen der Zärtlichkeit — das Einzige,
was ich dem Andenken meines abgeschiedenen
Freundes weyhen kann — sollen, hoffe ich,
mein Herz erleichtern.

Seyen Sie nur recht glücklich, mein bester, gnädiger Herr! recht gesund, recht hei-
ter, und entziehen nicht Ihre väterliche
Güte,

Ihrem

treuen Diener,

Meyer.

Vier-

Vierzehnter Brief.

An den Freyherrn von Leidthal in Hamburg.

.... den 4ten Junius 1771.

Ich wünschte nur, mein gütiger Freund! Sie mögten mich jetzt sehen, wie ich den Hausvater mache, überhaupt, welche Figur ich spiele, seitdem ich verheyrathet bin. Ich glaube wohl, es mag mich ziemlich lächerlich kleiden; aber mit dem allen, das versichere ich Sie, hätte ich nicht gedacht, daß ich mich sobald an das häusliche Leben gewöhnen würde.

Freylich stellt man sich das Ding ganz anders vor — Es ist ein ernsthafter Schritt, mein lieber Herr! das fühlt auch der leichtsinnige Weckel. Denn einmal, ein Ehemann nach der Mode mag ich nicht seyn; ich

will

will jede auch noch so geringe Bekümmerniß,
jede auch noch so leichte Freude mit dem
guten Geschöpfe theilen, das nun an mich
geknüpft ist, das ihr Glück in meine Hände
gelegt hat, von dem mich nichts trennen
kann — Und dann, wie manche kleine Sorge, die ich sonst für nichts achtete, sondern
bald wieder abschüttelte, sehe ich jetzt mit
ganz andern Augen an! Ich gehöre nicht
mehr mir selbst; ich bin fester an die bürgerliche Gesellschaft gebunden; alles was mir
begegnet, fällt auf das gute Weib zurück —

Allein ich bin glücklich, recht glücklich,
dabey, so fröhlich als jemals, und davon,
hoffe ich, sollen Sie bald selbst Zeuge seyn.
Denn gestern habe ich an unsern ehrlichen
Meyer geschrieben, und ihn gebethen, bald
möglichst Urlaub zu nehmen, um zu mir zu
reisen. Vielleicht findet sich dazu noch vor
dem Winter Gelegenheit; wo nicht; so soll
doch gewiß im nächsten Frühjahre nichts da-
zwischen kommen. Ich behalte dann den lieben

ben Mann einige Wochen bey mir, gehe dar=
auf mit ihm und meiner guten Frau von hier
nach Hamburg, und besuche unsern theuren,
vortreflichen Baron Leibthal, von welchem
ich so oft mit meiner Frau rede, daß sie nicht
lange mehr der Versuchung wird widerstehen
können, Ihre persönliche Bekanntschaft zu
machen.

Uebrigens reiset der Herr Hauptmann
von Weckel nicht mehr so viel, als in seinem
ledigen Stande, kann also auch dem curio=
sen Liebhaber nicht mehr mit so viel Reise=
anecdoten aufwarten. Doch habe ich, gleich
nach meiner Hochzeit einen kleinen Ritterzug
gemacht, um meine Frau und mich ihren
und meinen Verwandten vorzustellen. Unter
diesen habe ich denn freylich auch manche co=
mische Originale, aber auch manche wackre,
brave Leute kennen gelernt.

Es versteht sich, daß wir Alle uns von
beyden Theilen Mühe gaben, unser glänzend=
sten

sten Seiten auswärts zu kehren. Das ist
wahrlich für einen Dritten recht lustig anzu-
sehn, wenn so ein Paar Leute zusammenkom-
men, die gern von einander bewundert werden mögten, oder die sehr viel Gutes von
einander gehört haben. Da drehen und wenden sich dann die Kerlchen, (wenn sie Verstand haben, versteht sich) um sich wechsels-
weise die schwache Seite abzujagen! und
wenn sie aus einander gehn, findet sich immer, daß der Eine den Andern vortreflich
findet, wenn dieser ihm entweder Gelegenheit gegeben hat, seine Talente auszukra-
men, oder wenn beyde Narren sich auf
gleiche sympathetische Thorheiten ertappt
haben.

Sie wissen es, mein theuerster Freund!
Mein Grundsatz ist: daß man (Ich rede
nicht von bleibenden, auf verdiente Hochach-
tung gestützten, sondern von vorübergehenden
Eindrücken) daß man, sage ich, in dem ersten Angriffe, mit den Menschen machen
kann,

kann, was man will, wenn man nur Gelegenheit gehabt hat, sie vorher zu studieren. Man hat sie dann am Stricke, faßt sie bey der schwachen Seite, und setzt sich so, ohne alles Anklopfen, grade in ihr Herz hinein.

Es ist mir oft wiederfahren zu wissen, daß die Leute gegen mich eingenommen waren — Immerhin! Ein einziges Gespräch unter vier Augen; und sie sind mein — Aber auf diese elende Kunst, so sehr sie auch beynahe die Triebfeder aller menschlichen Handlungen ist, bilde ich mir eben so wenig ein, als ich durch Vorurtheile beunruhigt werde, die mancher Mensch, ohne mein Herz zu kennen, ja! ohne mich je gesehn zu haben, durch die Gespräche irgend eines alten Weibes oder dergleichen, von mir gefaßt hat.

Das war eine kleine Ausschweifung; Jetzt zu meiner Reise. Wir giengen zuerst zu einem Oncle meiner Frau, der, weil wir ihm unsere Ankunft nicht vorher gemeldet hatten,

hatten, abwesend, doch in der Nachbarschaft
bey einer Verwandtinn war; Also zogen wir
dahin, und trafen ihn dort an.

Es war aber Mittagszeit; Wir wollten
also nicht gern nüchtern fortgehn, bathen uns
daher bey dem Herrn Gerichtshalter zu Gaste,
der uns denn auch, mit unzähligen Compli-
menten, vorlieb zu nehmen bath, und uns
darauf folgendes vorsetzte: Hirse mit Milch;
sauren Kohl und Schweinefleisch; und zuletzt Quetschen mit Senf.

Ich will Sie, mein lieber Herr! nicht
mit Erzählung derjenigen sonderbaren Revo-
lutionen aufhalten, welche diese, in der That
nichts weniger als einförmige Malzeit, in
uns erregte. Es sey mir genug, Ihnen zu
sagen, daß wir, ohne mehr als etwa sechs-
mal a Person auszusteigen, glücklich bey
der Frau Tante ankamen.

Der

Der Herr Vetter, von dem ich eben Erwähnung gethan habe, kam uns bis an das Hofthor entgegen. Er hatte einen blauen manschesternen Rock, und eine grüne Weste an. Nachdem er meine Frau, mit aller Violenz, aus dem Wagen gehoben hatte, trat er (denn es regnete) erst die Füße auf der Strohmatte ab, und ließ unterdessen seine Dame allein da stehn.

Wir fanden oben eine kleine Gesellschaft, die aus dem Pfarrer des Dorfs, und einem Edelmanne aus der Nachbarschaft bestand.

Der Edelmann log so entsetzlich, daß es nicht möglich war, mit dem besten Köhlerglauben, dagegen Stich zu halten. Er hatte unter andern einen Mann gekannt, der so gut schießen konnte, daß er, wenn er den Schlüssel zu seinem Schranke in eine Pistole ladete, denselben nach Belieben in das Schlüsselloch, mit einer solchen Gewalt zu schießen verstand, daß derselbe sich umdrehete, und

den

den Schrank öfnete. Ein Knabe war einst
in seiner Gegenwart vom Kirchthurm gefallen und, durch den Wind aufgehalten, so un-
beschädigt geblieben, daß er noch Gegenwart
des Geistes genug besessen hatte, ein Stück
Butterbrod, welches er eben im Munde
hielt, nicht zu verliehren, sondern ruhig
unten zu verzehren. Eine schwangere Frau
hatte sich dermaßen an einem Officier von
der würtenbergischen Garde versehen, daß
sie mit einem Kinde niedergekommen war,
welches Schleufen von geschlagenem Silber,
auf den ganzen Leib hinunter, mit auf die
Welt gebracht hatte.

Der Pfarrer hielt sich ruhig, solange es
zu essen, zu trinken, und nichts zu zanken
gab. Gegen Ende der Abendmalzeit aber
geriethen beyde in einen heftigen Wortwech-
sel über die Rechtmäßigkeit des geistlichen
Zehntrechts. Der Edelmann gieng indessen
früher fort. „Das ist ein grober Herr!“
rief der Prediger, sobald jener aus dem
Hause war. „Und ich weiß nicht, worauf

„sich der Mann etwas einbildet; Er ist ein
„ Erz-Atheist.‟

Wir blieben zwey Tage an diesem Orte.
Die Tante ist eine gute, einfache Frau,
schlecht und recht, ohne große Forderungen.
Mit ihr reiseten wir dann weiter, drey Mei-
len von da, nach . . . . . .

Sie können Sich leicht vorstellen, daß
ich keinen großen Beruf fühlte, an den dortigen sogenannten fürstlichen Hof zu gehn,
sondern daß ich ruhig in dem Circul meiner
Familie blieb. Doch lief ich einmal durch
das Städgen und den Schloßgarten, und
sahe auch hier allerley drollichtes Zeug.

Einer von den Hof-Cavalieren begegnete
mir reitend, und las zu Pferde. — das war
schon ganz hübsch!

Man begrub grade an dem Tage den Can-
zelleydirector — Ich hatte hier wieder Gelegenheit meine Anmerkungen über die Schles-
sigkeit des Geschmacks zu machen, welche in
unserm Zeitalter noch so sehr groß ist; Nemlich, daß wir unsre Augen gewöhnt haben,

Unschick-

Unschicklichkeiten zu übersehen, und die Vereinigung der allercontrastierendsten Gegen-
stände zu ertragen. Zum Beyspiel: Eine
Kutsche, welche hinter der Leiche eines alten
Mannes herfährt, sollte doch etwas ehrwür-
diges haben. Wenn aber Amoretten auf dem
Kasten gemalt sind; Wenn ein Kutscher mit
einem Schnurrbarthe einen schwarzen Man-
tel umgehängt hat, und dabey weiße Hand-
schuhe trägt; Wenn voran ein Schulmeister
mit einem Haufen muthwilliger Knaben, die
sich unterwegens einander necken und knei-
pen, unter gräßlichen Gebehrden, in fürch-
terlichen Mistönen, nach der elendesten Me-
lodie, ein Lied brüllt, wovon die Poesie eben
so erbärmlich ist; so giebt doch wohl das alles
einen mehr lächerlichen als feyerlichen Anblick.

Der fürstliche Garten sieht aus, wie die
Marzipangärten, welche man den Kindern
zum Weinachtsgeschenke giebt. Auf jeder
Taxuspyramide ist oben ein Fürstenhut aus-
geschnitten; und in einem kleinen Bassin sah
ich ein Paar steinerne Schwaane ganz dünne

K 2   Was-

Wasserstrahlen speyen, indem sie auf ihren ausgebreiteten Flügeln das fürstliche Wapen eingegraben trugen.

Als ich nach Haus kam, fand ich eine ganz artige Gesellschaft zum Mittagsessen eingeladen. Es war aber auch ein Leibchirurgus dabey, der ausserordentlich neugierig schien; denn er fragte nach einer Menge kleiner Geschichtgen aus dieser Gegend, um welche ich mich nie bekümmert habe, oder von denen ich, wenigstens an einem fremden Orte zu reden, für unklug halte. Und weil ein vorwitziger Neugieriger auch immer ein unvorsichtiger Schwätzer ist; so konnte er manche Anecdote von seiner gnädigsten Herrschaft nicht auf dem Herzen behalten, die er wohl hätte verschweigen können. Dabey wollte er belesen und gelehrt scheinen, redete auch von Alchymie, verwickelte sich aber oft in seinen Erzählungen, und sagte unsinniges Zeug. Unter andern versicherte er: er habe einen Mann gesprochen, der den Theophrastus Paracelsus,

Carl

Carl V. Leibmedicus, von Person gekannt
habe. Ich ließ das alles so hingehn; denn,
obgleich ich gern über einen Narren lache;
so beschäme ich doch nicht gern jemand,
und es thut mir allzeit weh, wenn ich irgend
ein Geschöpf in Verlegenheit sehe —

Allein ich merke, daß ich so ziemlich wieder in meinen alten Reisebeschreiberton ver-
falle — Nun will ich aber auch schleunig
abbrechen. Zudem geht mein Papier zu
Ende; Ich muß machen, daß ich noch
vor dem Schlusse nach Hause komme —
Also kurz! Nachdem wir die ganze Familie
rund umher besucht hatten, kamen wir wieder
hierher, woselbst würklich noch zu der jetzigen Stunde sitzt, und diesen Brief schreibt,

I h r

ergebenster Diener,

Franz von Weckel.

Funf-

Funfzehnter Brief.

An den Herrn Hauptmann von Hundefeld in . . . . .

Berlin den 16ten Junius 1771.

Gnädigster Herr Vater!

Es ist wohl freylich, als wenn sich alles
gegen mich verschworen hätte, damit
ich unsere arme Charlotte nicht finden soll.
Ich berichtete Ihnen neulich gehorsamst, *
wie ich, durch meine Tante irregeführt,
hin und her gereiset bin, ohne im geringsten
auf die Spur kommen zu können, wo meine
arme Schwester seyn mögte, und daß ich
nun fest entschlossen sey, nach Berlin zu gehn,
um wenigstens den Herrn von Hohenau aufzusuchen. Da komme ich denn nun eben hier
an,

---

* Die vorhergehenden Briefe finden sich nicht.

an, und habe nicht verfehlen wollen, Ihnen davon sogleich schuldige Nachricht zu geben, damit Sie, und meine gnädigste Frau Mutter, der ich ehrerbiethigst die Hände küsse, meinetwegen nicht in Sorgen seyn mögen.

Der Brief den Sie mir, bester Herr Vater! letzthin zu schicken die Gewogenheit gehabt haben, * ist zuversichtlich nicht von meiner Schwester. Es ist weder ihre Hand, noch ihre Schreibart. Dahinter steckt gewiß Betrug.

Zudem weiß ich durch den Herrn Meyer ganz sicher, daß Hohenau selbst Charlottens Aufenthalt nicht erfahren hat — Morgen früh wird sich alles aufklären; Sobald ich ausgehn kann, gehe ich zu ihm.

Ich bin kaum seit einer Stunde hier im Gasthofe, wo ich noch niemand gesehen habe,

K 4   als

* und den, wie wir wissen, der ehrliche Franzose geschrieben hat.

als einen äufferſt höflichen Franzoſen, * der
hier geſpeiſet hat.   Er ſcheint Officier zu
ſeyn, und hat mir Hohenaus Wohnung be=
ſchrieben.   Weil er ſehr verbindlich war; ſo
habe ich ihm die Abſicht meiner Reiſe ent=
deckt, und er hat mir ſeine Dienſte angebo=
then, will mich auch morgen ſelbſt hinbe=
gleiten.

So viel nur in Eile — Die Poſt geht in
einer halben Stunde ab — Ich verharre mit
kindlicher Ehrerbiethung,

Theuerſter Herr Vater,

Ihr

gehorſamſter Sohn,

Hundefeld.

Sechs

* Da iſt wieder Mr. de la Saltière, wie man aus
dem folgenden Briefe ſieht. j.

Sechzehnter Brief.

Billet an Ihre Excellenz den Herrn Grafen . . . .

chés moi ce 16. du Juin en 1771
à 11 heures du foir.

Monseigneur,

Ich schreibe in Eil diesen Billet an Ihre
Excellenz, um Ihr zu melden, daß ich
komm zu machen einen coup de Maitre, und
das doppelterweise.

Nicht allein ich habe aufgefangen ·den
Brief hier beygeschlossen, * den unsre junge
Person hatte geschrieben an ihre Eltern, und
gewonnen eine der Mägde von Madame

N 5   Schouf-

* den folgenden 17. Brief.

Schouffitte, * um ihn zu fragen heimlich
auf den bureau der Post; Aber auch es ist
gefallen in meine Hände diesen Abend der
Bruder von der Demoiselle, der kam aus-
drücklich hierher, um zu suchen seine Schwester, und um zu sprechen an den Lieutenant
von Hohenau.

Zu diesem Endzweck ich habe gleich gesucht mich zu machen nothwendig an seine
Person, ihm anbiethend, weil er wäre
durchaus fremd hier, meine Dienste, und
ihn zu führen selbst zu dem Herrn, den er
suchte.

Wir sind dazu übereingekommen auf morgen, und ich habe genommen Abschied von
ihm auf wiedersehen, laufend wie ein Be-
sessener, um zu avertir das Gouvernement
daß

---

* Diese würdige Frau, bey welcher das Fräulein
Charlotte jetzt eingesperrt ist, lernt man aus
dem letzten Briefe in diesem Theile kennen.

daß sich fände hier ein Mensch, der mir vorkäme zweydeutig, hinzufügend alle Arten
von Anzeigen, um ihn zu setzen unter die Augen der Polizey, wie einen Menschen verdächtig und gefährlich.

Ich habe so gut gehandhabt das alles,
daß bevor aufzustehn, er wird bekommen
morgen vom Gouverneur die Ordre zu verlassen die Stadt.

Ihre Excellenz wird fühlen wohl, ich
hoffe, daß ich wache für Ihre Interesse, und
daß ich nicht durchlaufe alle Gasthöfe der
Stadt für die Pflaumen.

Morgen werde ich haben die Ehre Ihr
zu präsentir vom Munde meine Ehrerbie-
thungen.

de la Saltière.

Sieben-

Siebenzehnter Brief.
(Einschluß des vorigen.)
An die Frau von Hundefeld in ......

Berlin den 16ten Junius 1771.

Meine theuerste, beste Mutter!

Nicht eine einzige Zeile Antwort auf keinen meiner Briefe? — O Gott! ist denn das Andenken an Ihre unglückliche Tochter, durch einen einzigen Fehltritt, so ganz aus Ihrer Seele vertilgt, daß die Stimme der Natur kein Erbarmen mehr zu meinem Vortheile bey Ihnen erwecken kann? —

Um Erbarmen, um Mitleiden, um Rettung, sonst wage ich ja nicht um irgend etwas zu bitten. Sie haben mich selbst gelehrt, mich des Elenden anzunehmen, auch dann, wenn seine eigenen Verirrungen ihn in

dies

dieß Labyrinth geführt haben — Ach! sollten Sie, theuerste Mutter! jetzt das Ihrer einzigen Tochter versagen, was jeder Leidende, der um Ihre Hülfe flehet, bey Ihnen findet? — Ihrer Tochter, die, von ihrer zarten Kindheit an, Sie wie ihre treueste Freundinn lieben, Ihnen ihr Herz ausschütten und, wenn sie Kummer hatte, ihr weinendes Haupt an den Busen der besten Mutter drücken durfte? —

Aber damals kannte ich noch nicht, was Elend und Jammer heißt; Ruhig und leicht flossen meine Tage dahin; Meine Eltern liebten mich — Wo sind sie, jene glücklichen Tage? Verstoßen, verlassen, krank, die Hände ringend, quäle ich die schwarzen Stunden hin, seufze meinem Ende entgegen — Und o! mögte es nicht fern mehr seyn! —

Noch einmal werfe ich mich zu Ihren Füßen, theuerste, ewig geliebte Eltern! — Es ist so süß zu verzeyhen, wie der Vater

im

im Himmel verzehret — Machen Sie mit
mir, was Sie wollen; Sperren Sie mich
ein; Aber um Gottes willen! retten Sie mich
aus dem Zustande, darin ich schmachte! —

Ich kann nicht mehr schreiben — Meine
Kräfte verlassen mich — Ach! ich bin sehr
krank —

Um 1 Uhr Nachmittags.

Weinen kann ich nicht mehr; die Quelle
ist versiecht — Ich sitze zuweilen so ganz
starr, gleichgültig da auf meinem Bette, und
meine, es wäre mir recht leicht, recht wohl,
hoffe dann immer, der Freund der Unglücklichen würde mich bald in seine Arme schlie-
ßen, die mütterliche Erde mich aufnehmen —
Aber dann kömmt auf einmal wieder eine
Stunde — Gott gebe niemand solche Stunden, vorzüglich dem nicht, der mich in dies
Elend gestürzt hat, der mich nun verläßt —
o Himmel! — dem ich gern verzeyhe —
Aber es ist hart, grausam hart —

Um

Um 4 Uhr.

Ich habe wieder abbrechen müssen; das Fieber greift mich sehr an. — Die Stunden sind so lang — Wenn Ihnen doch jemand erzählen wollte, wo ich bin, wie es mir seit, dem gegangen ist! — Woher soll ich selbst die Kräfte dazu nehmen? — Aber ich habe ja niemand mehr auf dieser Welt; Also muß ich wohl, so gut ich kann.

Der Franzose führte mich hierher — O! wäre ich nur bey der ehrlichen Frau in Worms geblieben! Mein Hertz ahndete wohl, daß ich ihn, den ich liebte, nicht sehen würde — Auch will ich ihn in dieser Welt nicht wiedersehn. — Ach! wenn doch das meine lieben Eltern versöhnen könnte! Ich wollte ihn hier nie wiedersehn — Er hat mich ja auch verlaßen, läßt mich hier jammern —

Der Franzose führte mich hierher in das Haus — Gott weiß, was für ein Haus es ist. Kein Wirthshaus scheint es nicht zu seyn.

seyn. Es gehört einer Frau Schufit, und
liegt in der Töpfergaſſe. Die Leute gefallen
mir gar nicht. Es kömmt immer viel Ge-
ſellſchaft her, wie ich höre — Aber ich habe
faſt mein Bette noch nicht verlaſſen, ſeitdem
mich das Unglück hierher geführt hat —

Der Franzoſe gieng aus, ſobald wir ankamen, und ſagte, er wolle den Herrn von
Hohenau holen; Er kam aber in vier und
zwanzig Stunden nicht wieder — Gott!
was ich unterdeſſen gelitten habe! — Meine
Seele prophezeyete mir, was geſchahe; Hohenau war nicht zu finden geweſen — Ja,
welche Abſcheulichkeit! Es war Erdichtung,
daß er je in Berlin geweſen wäre — Gott
im Himmel! ſollte es möglich ſeyn, oder bin
ich betrogen, entführt? — Allein er ſchrieb
mir ja ſelbſt, ich ſollte mich ſeinem Freunde
anvertrauen — Der Mann ſcheint auch ſo
gerührt von meinem Unglücke — Aber
doch — Ath, beſte, theuerſte Mutter! Ich
weiß nicht, was ich denken ſoll, mag auch
nichts

nichts denken — Wenn Sie noch ein Fünk-
gen von Zärtlichkeit für das arme Mädgen
fühlen, das Sie unter Ihrem Herzen getragen haben; so schicken Sie mir meinen Bruder, daß er mich errette, von hier weg-
bringe — Und soll ich Ihre Knie nicht wieder umfassen; so lassen Sie mich in ein Klo-
ster einsperren — Ich will büßen für meinen
Fehltritt, bis der Vater im Himmel, der so
barmherzig und langmüthig ist, sich meiner
annimt, die ich meinen theuren Eltern so
viel Kummer mache, und Ihre ungehorsame
Tochter aus dieser Welt nimt —.

Aber ist denn keine Verzeyhung für
mich? — Sie werden ja nicht lange mehr
über mich zürnen; Ich fühle schon den Tod
in meinen Adern — Er sey mir willkommen,
der süße Freund der Bedrängten! Seit dem
Tage meiner Ankunft habe ich fast beständig
krank gelegen. Der Arzt hat mir etwas verschrieben, aber ich nehme es nicht — Wenn
mich nur der Schlaf nicht flöhe!

Um 5 Uhr.

Der Franzose gab sich Mühe mir Muth und Trost einzusprechen; Er hat versprochen alle Mühe anzuwenden, ihn zu finden. Er führte mir eine Dame zu, die sich die Obristen von M . . . . nannte; Sie kömmt sehr oft zu mir — Allein ich kann kein Zutrauen zu ihr fassen. Sie will mich aufmuntern; aber sie redet so frey, ist so geschwäßig. —

Gleich anfangs brachte sie ein paarmal, wenn sie wußte, daß ich ein wenig aufgestanden war, einen Verwandten mit, der ein Graf ist. * Ich bath sie aber mir nie wieder Gesellschaft zuzuführen. Er war ein ganz artiger Mann; aber auch sehr frey — Vielleicht ist der Ton der Leute von gewissem Stande hier so — Ach! sie mögten Alle gut seyn, wenn ich nur Antwort von meinen

* Derselbe Graf, an den la Saltière schreibt. Wer diese Obristen von M . . . . ist, entwickelt der letzte Brief in diesem Theile.

meinen geliebteſten Eltern bekäme, oder der Tod meinem Leiden ein Ende machte! —

Die Frau von M . . . . . kömmt faſt täglich; ich kann ihrer gar nicht los werden — Die einzige Perſon, mit welcher ich zuweilen gern rede, iſt ein junges Mädgen, das mir aufwartet, und das auch Kummer zu haben ſcheint. Sie hat mir verſprochen dieſen Brief ſicher zu beſorgen —

Theureſte Mutter! Ich kann nicht mehr ſchreiben — Mein Kopf iſt ſo ſchwach — Ich habe nicht die Kraft, Ihnen mein ganzes Elend zu ſchildern — Mögte es ein Anderer thun! — Sie würden gewiß Thränen des Mitleidens und der Verzeihung ſchenken

Ihrer

unglücklichen
Charlotte.

Achts

Achtzehnter Brief.

An die sogenannte Obristen von M.....

***

Berlin den 18ten Junius 1771.

Ich bin gar nicht zufrieden von Deiner Auf
führung, und von der Art, wie Du das
junge Mädgen behandelst. Sie hat einen
Brief an ihre Eltern geschrieben, den der
verfluchte la Saltière aufgefangen hat. Darinn
klagt und jammert sie so, daß es mir bald
selbst Mitleiden gemacht hätte. Dich mag sie
gar nicht leiden — Du wirst es wohl sehr
schief angefangen haben —

Das arme Mädgen wird immer elender.
Wenn sie uns stirbt, und Du sie nicht in
Ordnung bringst; so halte ich mich an Dich.
Es liegt an Deinem bösen Willen; Du bist
doch sonst so dumm nicht. Man wird ja ein
Mädgen zur Vernunft bringen können! —

Rabens

Rabenaas! Mit Dir hat es wohl so viel Mühe
nicht gekostet? Aber, nicht wahr? Das ist
schon etwas lange her; das hast du wieder
vergessen.

Kurz! Du sollst nun bald deutsch mit ihr
reden. Wenn sie sieht, daß sie keine andre
Hülfe hat; so wird sie schon nachgeben. Sage
ihr, es sollte ihr an nichts mangeln; Du
weißt ja, daß mir das Geld nicht an das
Herz gewachsen ist.

Am besten wird es wohl seyn, ich gehe
einmal wieder selbst zu ihr; Aber du mußt
erst die Sache vorbereiten. Noch acht Tage
gebe ich Dir Zeit. Aber nim dich in Acht,
wenn ich dann das Mädgen noch so bleich,
krank und klagend finde!

Apropos! Du darfst nicht leiden, daß
sie fernerhin mit der kleinen Catharine allein
sey; die verdirbt uns alles.

Nun,

Nun, abieu! Mach es gut; Du sollst
dann auch künftighin die Frau Generalinn
heissen. Ich komme vielleicht morgen Abend
um 8 Uhr ein bisgen zu der alten Schufit;
da will ich Dir mündlich mehr sagen.

Ferdinand Graf . . . . .

Neunzehnter Brief.

An den Herrn Commerzienrath Müller in Hamburg.

Berlin den 4ten Junius 1771.

Die Hofnung, welche Sie, mein bester Vater! nun immer näher erblicken, in dänische Dienste zu kommen, erfüllt, wie Sie denken können, Ihren Sohn mit warmer Freude.

Sie befehlen, daß ich Ihnen sagen soll, ob ich von meinem Stande zufrieden bin, oder ob ich denselben zu verändern wünschte; Hier ist also mein offenherziges Bekenntniß darüber:

Soll ich blos von meiner jetzigen Lage reden; so habe ich Ursache damit vergnügter zu seyn, als in Sachsen, wo ich manche kleine Unannehmlichkeit hatte. Die Gesellschaft,

L 4

bey

bey der ich stehe, ist ausgesucht gut gewählt,
und aus verträglichen, sittlichen Leuten zu-
sammengesetzt. Das berliner Publicum beehrt
mein Spiel mit Beyfall, ich habe einen mäß-
sigen Unterhalt, Zeit genug übrig, meine
Kenntnisse zu erweitern, und Gelegenheit,
Fortschritte in allerley nützlichen Wissenschaften zu machen.

Betrifft aber die Frage im Ganzen meinen jetzigen Stand, bester Vater! so gestehe
ich Ihnen gern, daß ich denselben mit irgend einem andern zu vertauschen wünschte —
Nicht als ob ich glaubte, dieser Stand sey
nicht geehrt, nicht belohnt genug — Im
Gegentheil! mich dünkt, Dichter und Künstler werden bey uns nur zu sehr verzogen.
Man schmeichelt dem mittelmäßigen Talente
nur zu leicht in unserm Vaterlande. Die
Ursache aber, warum ich mich in eine andre
Lage wünsche, ist, um eine gewissere, sicherere
Aussicht zur Versorgung im Alter, und einen
bleibenden Aufenthalt zu haben.

Uebri-

Uebrigens trete ich gar nicht denen bey, die immer klagen: Deutschland sey das Land nicht, wo Dichter und Schauspieler ihr Glück machten; Ueberhaupt sey unser jetziges Zeitalter nicht so gestimmt, daß der Staat für nöthig zu halten scheine, diesem Theile der Erziehung seine Aufmerksamkeit zu widmen. Ich glaube vielmehr, daß das alles recht gut so ist, daß es zuweilen nicht schaden kann, wenn das Genie mit Schwürigkeiten kämpfen, durch Schicksale weicher, empfindlicher, und wärmer für die Rechte der Menschheit werden muß, daß endlich kein Künstler noch Dichter, so wenig wie ein Philosoph, mit Gelde zu bezahlen ist, daß es das Talent erniedrigen heißt, welches sich immer selbst belohnt, wenn man es in die Classe der Zünfte setzt, wenn man glaubt, so wie ich ein Paar Schuhe, einen libellum in caussa Caji contra Titium, mit einem Worte! alle Producte des Fleisses, den jemand meinen Bedürfnissen widmet, bezahle, eben so könne ich auch die Fantasie eines Dichters, das Werk sei-

ner,

ner, für das Glück und die Aufklärung der
Welt im Ganzen arbeitenden Seele, mit
Gelde belohnen.

Die Erfahrung ist hier auf meiner Seite.
Die größßten Talente haben sich in jedem Zeitalter, auch im Drucke, in der Armuth, und
mitten unter tausend Schwierigkeiten offen-
bahrt. Der heilige Funken des Genies läßt
sich weder auslöschen noch anblasen. Ja!
wir haben täglich Beyspiele, daß Dichter,
die vortreflich schrieben, solange sie durch das
Ringen nach Ruhm, durch die Begierde sich,
aus einer dunkeln Lebensart hervor, bekannt
zu machen, getrieben wurden, nachher,
wenn sie durch irgend einen Mäcenaten in
eine bequemere Lage gebracht, so stolz auf
ihre Nahmen wurden, daß sie, wenig bekümmert um das Bedürfniß der Menschheit,
entweder gar nichts mehr, oder die mittel-
mäßigsten Sachen in die Welt schickten.

Ueber-

Ueberhaupt ist nicht jedes Alter zum Dich=
ten geschickt, auch drehet sich der Mensch in
einem gewissen Circul von Ideen, Einfällen
und Bildern herum, welcher Circul freylich
bey Einem größer als bey dem Andern, aber
nie unbeschränkt ist; Und wenn ein Mann
denselben in viel Bänden durchgelaufen; so
wäre es unbillig, hernach in einem Alter,
wo die Fantasie kühler geworden ist, trotzend
auf den erworbenen großen Nahmen, dem
Publicum seine, aus eigenen Werken ausge=
schriebenen Wiederholungen, in einer andern
Form aufzudringen, und zu verlangen, wir
sollten dasselbe Gericht, welches er im ersten
Gange aufgetragen hatte, noch einmal be=
wundern, wenn er nur eine andre Sauce
darüber gegossen hat, und es am Ende der
Malzeit wieder hinsetzt.

Ich kenne solche Schriftsteller, die dies
aus bloßem Geize thun: die aus ihren alten
Papieren halb fertig gewordene, äusserst mit=
telmäßige, nicht ausgefeilte Producte her=
vor=

vorsuchen, dabey zu stolz sind, von andern
guten Köpfen, ihre Clienten ausgenommen,
Beyträge anzunehmen, und also das Publicum, ganz aus eigener Küche, mit Fastenspei-
sen bewirthen, die uns zuletzt ekeln und vergessen machen, welchen herrlichen Schmaus
uns der Mann ehemals gab.

Abends 6 Uhr.

Eben, bester Vater! bekomme ich Ihren
gewogenen Brief. Es ist kindliche Pflicht
Ihren Befehl zu erfüllen, und Ihnen von
des Herrn von Hohenau jetzigen Aufführung
eine treue Schilderung zu machen, obgleich
ich bis dahin Bedenken getragen hatte, dies
ohne Geheiß zu thun.

Doch vielleicht steht es in Ihrer Macht,
von meinen Nachrichten einen solchen Gebrauch zu machen, daß der würdige Baron
Leidthal Mittel finde, seinen sonst so liebens-
würdigen Pflegesohn auf den besseren Weg
zurückzuführen. Hier ist alles, was ich von
ihm

ihm weiß und, seitdem ich ihn kenne, erfahren habe.

Als der Herr von Hohenau die Nachricht
von seiner Geliebten vermeintlichen Untreue
erhalten hatte, war auch grade sein rechtschaffener Wohlthäter, der Obrist, gestorben.
Er war über diesen doppelten Verlust anfangs,
wie es die Heftigkeit seines Temperaments
sehr begreiflich macht, ausschweifend traurig,
entzog sich allem Umgange, und lebte ganz
einsam vor sich.

Nun hatte er aber unter den jungen Of-
ficieren der Garnison viel Bekannte, die er
täglich im Dienste sah, und welche sich be-
müheten, ihm, was sie nannten, die Grillen
aus dem Kopfe zu sprechen. Zuerst gab er
den Eindrücken dieser Reden keinen Raum;
Aber nach und nach fruchteten sie doch so
viel, daß er wieder anfieng in Gesellschaften
zu gehen.

Er

Er sahe nun aller Orten Verderbniß der
Sitten, coquette Mädgen, untreue Weiber.
Diese üblen Beyspiele und eigene Erfahrung,
machten ihn mistrauisch gegen das schöne
Geschlecht, und dies Mistrauen, welches er
oft gegen seine leichtfertigen Freunde äuſ-
serte, wurde von denselben auf die, allen
ausschweifenden Leuten gemeine Art, com-
mentirt. Man erlaubt sich gern alles gegen
die Weiber, und gegen seine Pflichten, ist
dann aber unbillig genug, die armen Geschöpfe zu verachten, wenn sie unsern Ver-
führungen und den Trieben des Temperaments zu wiederstehen nicht stark genug sind.

Nach und nach fieng der Herr von Hohenau an, das Ding mit freyeren Augen anzu-
sehn. Da er jung und hübsch ist, so gefiel er
den Frauenzimmern; Man schmeichelte ihn;
und er, der keine Achtung mehr für das Geschlecht hatte, fieng an, mit einer gewissen
sorglosen Unvorsichtigkeit, in den Circuln,
worinn man ihn führte, herumzuflattern,
sich

fich so nach und nach aufzuheitern, sein Leiden
zu vergessen — Und das that ihm wohl —

Beyspiele aller Arten von Leichtsinn, welche
er unter Damen vom ersten Range fand, be-
wogen ihn zuletzt, eben keinen Unterschied
mehr unter solchen zu machen, die nur
schwach, oder coquet sind, und unter solchen,
welche die grobe Coquetterie als ein Handwerk treiben. Er fand kein wahres Interesse
mehr an dem andern Geschlechte, und also
war es ihm auch nun ziemlich gleichgültig,
welche Frauenzimmer er sahe, wenn sie nur
munter und unterhaltend waren.

Zugleich verwickelte man ihn in Spiel-
parthien. Sie wissen, theuerster Vater!
welche unglückliche Leidenschaft dies ist. Sie
macht ja den Menschen zu allen übrigen La-
stern fähig, feuert alle Arten von unrechten
Begierden an, macht denjenigen, welcher
Handwerk damit treibt, zu allen übrigen nützlichen Beschäftigungen unbrauchbar, unthätig
und

und ungeschickt, und leider! wenn sie dem Menschen Vermögen, Ruhe und Gesundheit geraubt hat, ihre Sklaven gewöhnlich zu einer Beute der Armuth, der verzweiflungsvollsten Reue, und der allgemeinen Verachtung.

O! wenn doch manche edle Jünglinge, die diesen unglücklichen Weg zu wandeln im Begriff stehen, die Augen auf die traurigen Beyspiele alter Spieler werfen und, weil es noch Zeit ist, zurückkehren wollten! Wie viel Thränen würden sie ihren Eltern, wie viel Demüthigungen, wie viel Verantwortungen sich selbst ersparen, die sie einst von den Stunden Rechenschaft geben sollen, welche sie dem Dienste der Menschheit schuldig waren.

Hohenau ergriff in seinem übertäubten Gemüthszustande alles, was nur Genuß des Augenblicks gewähren kann. Also ließ er sich auch zu Hazardspielen verleiten — Er verlohr ein paarmal grosse Summen, welche er gern

gern wiedergewinnen wollte; und so wurde denn zuletzt das Spiel bey ihm zu einer Leidenschaft, welches seinen Cammeraden den Weg erleichterte, ihn in die schlechtesten Gesellschaften zu ziehen.

Es ist ein Haus unter den Linden, au pisalé genannt, wo immer sehr stark gespielt wird. Ich bedarf Ihnen nicht zu sagen, daß also dahin nicht die besten Leute kommen. Hier war er nun fast täglich, und endlich gieng er sogar auf die berüchtigten Bälle bey der Frau Corsica.

In dieser Sinnesart, auf diesem schlüpfrigen Wege, ist er noch. Ich bin nicht vertrauet genug mit ihm, auch, unserer sehr verschiedenen Verhältnisse und Verbindungen wegen, nicht genug in der Lage, mich ihm zum Freunde und Rathgeber aufdringen zu können. Ich sehe ihn selten, denn in die Häuser, welche er besucht, komme ich nicht. Vielleicht, bester Vater! können Sie, ge-

meinschaftlich mit dem Herrn Baron, einen
Plan zu seiner Rettung entwerfen; Und kann
ich zu selbigem mittel- oder unmittelbar etwas
beytragen; so werden Sie bereit finden, Ihre
väterlichen Befehle zu vollstrecken,

Ihren

gehorsamsten Sohn,

Ludwig Müller.

Zwanzig=

Zwanzigster Brief.

An den Herrn Lieutenant von Hohenau
in Berlin. Eilig!

Im Gasthofe zur Stadt Rom, unter den
Linden, Berlin den 17ten Junius,
Abends 6 Uhr.

Ich bin seit gestern hier, und zu meiner
größten Befremdung zwingt man mich,
schon heute wieder die Stadt zu verlassen.
Ich war dreymal bey Dir, um Deine Hülfe
und Rath mir zu erbitten, aber keinmal warst
Du zu Hause, und niemand konnte mir sa=
gen, wo ich Dich antreffen würde.

Die Veranlassung meiner Reise kannst Du
leicht errathen. Ich suchte meine unglückliche
Schwester, und nachdem alle meine Nachfor=
schungen vergebens gewesen, wollte ich doch
wenigstens Dich nicht verfehlen — Nicht,

M 2   um

um Dir Vorwürfe zu machen — die Sache
ist doch nun einmal geschehen — Nein!
sondern um über verschiedene Begebenheiten
Licht zu erhalten, die meinen Eltern und uns
Allen noch immer ein Räthsel in dieser traurigen Geschichte bleiben.

Ich kam gestern Abend an. Ein Franzose,
den ich hier fand, dem ich ohngefehr die Veranlassung meiner Reise sagte, und daß ich
Dich zu sprechen wünschte, erboth sich, mich
zu Dir zu begleiten. Ich nahm weitere Ab-
rede mit ihm darüber, und er empfahl sich.

Diesen Morgen stehe ich früh auf, kleide
mich an, und erwarte noch immer den Franzosen, als der Wirth hereintritt, und mir meldet, daß der Gouverneur mich um acht Uhr
bey sich sehen wollte. Da ich nun den Mann
gar nicht kennte; so glaubte ich nicht, hinge-
hen zu müssen; Allein der Wirth machte mir
begreiflich, daß auch ein Fremder hier, ohne
Erlaubniß des Gouvernements, nicht in der
Stadt

Stadt bleiben dürfe. Ich mußte mich also wohl entschliessen hinzugehn.

Als ich fortwollte, war der Franzose noch nicht dagewesen; die Stunde rückte heran, ich gieng also, begleitet von einem Miethla-quaien, zum Souverneur. Dieser fragte mich um die Ursache meiner Reise, nach meinen Pässen, und um meine Geschäfte in Berlin.

Ich fühlte keinen Beruf, ihm davon genaue Nachricht zu geben, sondern sagte: „Ich „hätte allerley Geschäfte hier, und ein reisen-„der Cavalier bedürfe keines Passes“ —

„Nicht naseweiß, junger Herr!“ rief der grobe Mann; „Haben Sie denn Addreß-„sen?“ Ich sagte, ich hätte keine, und wollte eben hinzufügen, daß ich Dich kennte, als er mit lauter Stimme mir in die Rede fiel: „Wir kennen schon die Art Herrchen. „Der König mag hier keine müßige Leute „herumlaufen haben. Ich rathe Ihnen, daß

M 3   „Sie

„Sie Sich auf die Rückreise machen, und
„noch vor Abends die Stadt verlassen. Ihre
„Geschäfte können Sie schriftlich abthun;
„Verstehen Sie mich?“ — Und damit,
ohne meine Antwort zu erwarten, verließ
er mich.

Was sollte ich machen? Ich war so betroffen über diese ungewöhnliche Begegnung,
daß ich kaum die Thür wieder finden konnte.
Es blieb mir nichts anders übrig, als mit
meinem Lehnlaquaien Deine Wohnung aufzusuchen; Ich gieng hin, und fand Dich nicht.

Als ich zurück in den Gasthof kam, war
noch immer der Franzose nicht da gewesen;
Auch hat sich derselbe nicht wieder sehen lassen. Gleich nach Tische war ich nochmals vergebens in Deinem Quartiere, und vor einer
halben Stunde zum drittenmal. Da komme
ich nun eben zu Hause, und höre vom Wirthe,
daß der Gouverneur sich schon hat erkundigen
lassen, ob ich noch da sey.

Ich muß also gleich fort — Warum?
das weiß der Himmel. Es muß hier ein
Miß-

Mißverſtändniß ſeyn — Oder ſollte der Franz
zoſe — Du weißt vermuthlich, was meine
Tante, (in deren Aufrichtigkeit wir freylich
Urſache haben Zweifel zu ſetzen) erzählt hat.*
Was ich muthmaßen ſoll, begreife ich nicht —
Genug ich bitte, ich beſchwöre Dich, bey
unſerer ehemaligen Freundſchaft, die Sache
aufzuklären, und zuerſt meinetwegen mit dem
Gouverneur zu reden, damit ich zurückkom-
men dürfe. Ich will unterdeſſen nach Ro-
ſenthal gehn, wo mich Deine Briefe treffen
können —

Voll Zuverſicht, daß du dieſe Sache in
Ordnung bringen, und mein dir noch immer
gewidmetes Herz nicht zu einem noch ſchlim-
mern Verdachte verleiten wirſt, unterſchreibe
ich mich,

Deinen

treueſten Freund,
Hundefeld.

M 4   Ein

* Nein! das weiß Hohenau nicht.

Ein und zwanzigſter Brief.

An den Herrn Secretair Meyer in Dresden.

Berlin den 19ten Junius 1771.

Wenn ich Ihnen auch in etwas langer Zeit nicht geſchrieben habe; ſo bin ich doch oft in Gedanken bey Ihnen, und wünſchte Sie hierher; Berlin ſollte Ihnen jetzt ſchon gefallen; Es hat würklich tauſendfache Annehmlichkeiten, ſowohl für einen Gelehrten, als für den, der blos Vergnügen ſucht.

Ich bekenns Ihnen wenigſtens, daß ich anfange recht zufrieden von meinem hieſigen Aufenthalte zu ſeyn. Es giebt ſo mancherley Unterhaltungen und Zerſtreuungen hier, die ich begierig ergreife, um die Erinnerung deſſen, was ich gelitten habe, in meinem Herzen auszulöſchen. Sie werden mir, mein

beſter

bester Freund! dies nicht verdenken; Ich
glaubte zwar nie, daß ich so viel über mich
würde erhalten können; aber ich habe es ver-
sucht, und fühle nun täglich mehr, wie unrecht der Mensch handelt, wenn er sich selbst
plagt, sich dem Schmerze über ein verlohr-
nes Gut überläßt, das er nicht wieder bekommen kann, und indeß die gegenwärtigen
Freuden ohngenützt vorübergehen läßt.

Und warum sollte ich mich auch quä-
len? — Ueber die Untreue eines Mädgens? —
Sind sie nicht Alle leichtfertig, wankelmü-
thig? Ach! ich habe das Geschlecht hier kennen gelernt — Zwar fand ich keine, die
werth gewesen wäre, meiner Charlotte die
Schuhriemen aufzulösen — Aber Alle waren Weiber; Alle nicht fähig wahrhaftig und
treu zu lieben, so zu lieben, wie ich einst das
Ideal davon in meinem Herzen trug. Sie
werden von Eitelkeit, Temperament oder
Launen regiert — Ja! Wenige haben nur
einmal Temperament. Sie spielen mit den

M 5　　　　　　heilig-

heiligsten Gefühlen, und wissen sich damit
auszustaffiren, als wenn es Schminke und
Bänder wären, so oft sie es nöthig halten —
Kurz; keine verdient, daß ein ehrlicher, treuer
Mann eine Thräne um sie weine. Und mit
dem allen gestehe ich Ihnen, daß die Wunde
meines Herzens noch oft im Verborgenen
blutet — Aber die Zeit wird alles heilen —
Wir wollen nicht mehr davon reden —

Jetzt muß ich Ihnen, mein lieber Freund!
nur noch eine Sache erzählen. Sie wissen,
daß ich immer den Verdacht hatte, als wenn
der Franzose, der sich mir in Donnergrund
so dienstfertig aufdrang, mich damals uns
fern Werbern verkauft hätte. Mancherley
Ursachen hielten mich in der ersten Zeit ab,
der Aufklärung dieses Argwohns weiter nachzuspüren, bis ich vor etwa vier Wochen, in
einem gewissen Hause, wohin ich zuweilen
aus Gefälligkeit gegen andre Officiers gehen
muß, und um mich nicht auszuzeichnen, denselben Franzosen antraf.

Er

Er schien betroffen, als er mich da fand;
doch faßte er sich bald wieder, und stellte sich
nur äusserst verwundert, mich in Officiers-
kleidern zu sehen. Er fragte, ob ich seine
Briefe nach Baruth bekommen hätte, erzählte viel von seiner unnützen Bemühung
das Fräulein zu finden, und schien in die
größte Bestürzung zu gerathen, als ich ihm
sagte, wie ich von dem Unterofficier sey be-
handelt worden, und was mir ferner begegnet wäre — *

Wenn

* Hier vergesse man nicht, daß Leidthal und
Meyer, um den jungen Hohenau nicht noch
mehr zu beunruhigen, ihm die Geschichte von
Charlottens Entführung, wozu er durch seinen,
dem la Saltiere anvertraueten Brief, freylich
Gelegenheit gegeben hatte, verschwiegen hielten.
Hätte er diesen Umstand gewußt; so würde er
gewiß jetzt den Franzosen nicht so leicht haben
laufen lassen. Auch wäre er in diesem Falle
nicht in die Ausschweifungen gerathen, zu welchen ihn die Verzweiflung über seiner Geliebten vermeintliche Untreue brachte; Und in so
fern

Wenn man vorausſieht, daß man in dem Augenblicke nicht auf den Grund eis ner Sache kommen kann; ſo iſt es am beſten gethan, ganz darüber hinaus zu gehn, bis man mehr Gewißheit vor ſich hat. Ich zeigte ihm alſo gar kein Mistrauen, that nicht, als wenn ich glaubte, er habe Antheil an meiner Anwerbung, und nahm mir nur vor, den Menſchen näher zu beobachs ten. Er hat aber ſeit dieſer Zeit ſorgfältig meine Gegenwart vermieden, und endlich habe ich auch nicht oft mehr an ihn gedacht.

Allein vorgeſtern bekomme ich ein Billet von Hundefeld, der hieher nach Berlin ges reiſet war, um mich zu ſprechen, ſich einem Franzoſen anvertrauet, der ſich erbothen hatte ihm mein Quartier zu zeigen, und als er denſelben erwartet, einen Befehl vom Gous verneur

fern wäre es beſſer geweſen, ihm alles zu ents decken — Aber wer kann die Folgen jeder kleinen Handlung vorausſehn!

verneur bekömmt, sogleich die Stadt zu räus
men —

Sollte nun dies nicht derselbe la Saltière
seyn, der ihm diesen Streich gespielt hätte? —
Zwar kann ich noch nicht einsehn zu welchem
Endzwecke — Aber doch —

Noch eins! Habe ich nicht irgend schon
einmal den Nahmen: la Saltière, gehört,
oder gelesen? Besinnen Sie Sich nichts der=
gleichen?

Jetzt arbeite ich nur daran, bey dem Gou=
verneur, Hundefelds Sache zu erläutern, und
zu erfahren, was man gegen ihn vorgebracht
haben mag, und dann soll sich bald das
übrige aufklären.

Ich werde gestöhrt — Leben Sie wohl,
mein Theuerster! Bald will ich weitläuftiger
schreiben.

Hohenau.

Zwey

Zwey und zwanzigster Brief.

An den Herrn Baron von Leidthal in Hamburg.

Urfſtädt den 20ſten Junius 1771.

Hochgebohrner,
Gnädiger Herr Baron!

Es hat dem höchſten Geber alles Guten gefallen, meine liebe Frau abermals mit
einer geſunden Leibesfrucht zu ſegnen, welche
geſtern Abends um acht Uhr zehn Minuten
zur Welt gekommen, und ſich als ein Knäb-
lein befunden hat.

Da es nun chriſtlichen Eltern geziemet,
ihre Kinder gehörigermaßen mit dem Bade
der Wiedergeburth verſehen zu laſſen, und
dabey hohe Standesperſonen ſich nicht zu
ſchämen pflegen, auch bey geringen Menſchen,

schen, als Pathen zu stehen, ich aber noch
immer mit ganzem Herzen meinem lieben gnädigen Herrn, in Dankbarkeit und Respect ergeben bin; so bitte ich recht unterthänigst,
Ew. Gnaden wollen doch bey diesen meinem
Söhnlein Gevatterstelle zu vertreten, Gott,
mir, und meiner lieben Frau, die Ehre
geben.

Nun wollen Ew. Gnaden excusiren, wenn
noch in gegenwärtigem Schreiben etwas von
den hiesigen Umständen hinzufüge. Es geht
wohl freylich jetzt so nicht hier zu, als es zu
unsers gnädigen Herrn Barons Zeiten war.
Die Bauern werden gar arg gedrückt, mit
Diensten und in andern Puncten. Auf die
Povertät wird gar kein Betracht genommen,
und, kurzum! es ist ein böser Haushalt, so
daß ich immer sage: es kann keinen Segen
bringen.

Der gnädige Herr von Wallitz sind aber
schon seit einigen Wochen malade am Podal,
und

und der Doctor Kundmann soll gewiß sagen, es gehe nicht gut auf die Art, denn der Herr hielten nicht Diät, und tränken zu viel starke Getränke.

Nun, mich geht es nichts an; Aber ich sage immer: Hätten wir nur unsern gnädigen Herrn Baron von Leidthal noch; der ich in tiefster Soubmission beharre,

Ew. Hochfreyherrlichen Gnaden,

unterthänigster Diener,

der Acciseinnehmer
Christoph Birnbaum.

Drey

Drey und zwanzigster Brief.

An den Herrn Lieutenant von Hohenau in Berlin.

Hamburg den 1sten Julius 1771.

Deine Briefe, mein lieber Carl! werden immer seltener, und doch (verzeihe mir diesen kleinen Vorwurf!) dächte ich, Deine Geschäfte wären nicht so überhäuft, daß Du nicht solltest Zeit finden können, zuweilen an Deinen alten Freund ein Paar Zeilen zu schreiben.

Freylich hat ein Officier, wenn er nicht Soldat nach dem ganz gemeinen Schlage seyn will, unzählige Dinge zu lernen, die auf sein Handwerk nützlichen Einfluß haben, und da können denn schon seine Stunden sehr besetzt seyn. Auch soll mich es freuen, wenn dies die Ursache Deines Stillschweigens ist.

Roman III. Th.   N   Geschäf-

Geſchäftigkeit und Fleiß ſind ein herrliches
beruhigendes Mittel gegen alle Arten von
Leiden und Verſuchungen.

Unterdeſſen kann man ſich leicht an Ordnung oder an Nachläſſigkeit im Briefſchrei-
ben, ſo wie in allen andern Fächern, gewöhnen. Ich kenne Leute, die nicht durch Geſchäfte, noch übermäßige Zerſtreuungen (ich
hoffe, das Letzte iſt auch Dein Fall nicht) abgehalten werden, aber dennoch ſo unerträglich
faul in dieſem Puncte ſind, daß ſie eher den
größten Verlaſt leiden, als zu einer beſtimmten
Zeit einen Brief ſchreiben wollten. Das iſt
würklich ſchimpflich, und zeugt von ſchlechter
Erziehung, oder geringer Achtſamkeit und
Gewalt über ſich ſelbſt. Wie leicht iſt nicht
ein Brief geſchrieben! Wie viel Nutzen oder
Freude kann ich nicht oft damit ſtiften! Und
wo iſt der Menſch, dem ſeine Geſchäfte oder
ſein Gemüthszuſtand nicht täglich eine viertel
Stunde frey ließen? — Das macht doch
jährlich 365 Briefe, und manche fröhlige
Stunde

Stunde unfern entfernten Freunden, die vielleicht, in unangenehmen, trüben Minuten, durch Eine Zeile von uns erheitert würden.

Ich kenne aber Deine Ordnung von dieſer Seite, und alſo trifft Dich, mein lieber Hohenau! dieſer Vorwurf nicht. Eben deswegen aber ahnde ich andere Urſachen Deines Stillſchweigens. Sollte Dein Gemüth wohl nicht in demjenigen glücklichen Gleichgewichte ſeyn, in welchem wir, geſtützt auf die Tugend und den Adel unſerer Handlungen, einem Freunde unſer ganzes unſchuldiges Herz ausſchütten dürfen? — Das würde mir ſehr wehthun, mein Sohn! Aber wenn es ſo iſt; ſo ſcheue Dich dennoch nicht, mich zum Vertrauten Deiner Verirrungen zu machen!

Soll ich Dir mit meinem Bekenntniſſe entgegen kommen? Sehr gern! Ich glaube aus Deinen Briefen zu ſehen, daß Du, nach dem Verluſte Deiner Geliebten, nicht diejenige

N 2

jenige Art von Trost gesucht hast, welche des
festen Characters eines Mannes würdig ist,
und wozu uns Weisheit und Pflicht aufru-
fen. Ich fürchte vielmehr, Du suchst Dich
in sinnlichen Ergötzungen zu berauschen, um
zu vergessen, was Du Dir selbst schuldig
bist —

Das würde eine unglückliche Gemüths-
lage für Dich seyn. Denn nicht nur würdest
Du kein wahres Glück, keine Seelenruhe,
die Du doch wünschen wirst, auf diesem
Wege finden, sondern Du würdest auch Deine
schönsten Tage verliehren; das Leere, welches
diese üppigen Vergnügungen, deren man sehr
früh überdrüssig wird, in der Seele zurück-
lassen, würde Deine natürliche Thätigkeit in
Gährung bringen, und weil Du Dich dann
von edlern Geschäften entfernt hättest, würdest Du vielleicht, um den gänzlichen Müs-
siggang zu fliehen, Dir aus Dingen ein Gewerbe machen, die Unglück, Elend und Reue
über Dein Haupt sammlen würden.

Solltest

Solltest Du, mein bester Carl! auf dem Wege zu diesem Labyrinthe seyn; so höre die Stimme eines treuen und erfahrnen Freundes, und kehre zurück! — Es ist gewiß noch Zeit; Und daran kannst Du erkennen, ob es noch Zeit ist, wenn dieser Brief Dich ein Paar Stunden lang ernsthaft oder misvergnügt macht.

Schütte also Dein Herz in meinen Busen aus! Ich erwarte mit väterlicher Sehnsucht Dein Bekenntniß — Jetzt wollen wir von andern Dingen reden —

Ich lebe noch immer hier äusserst einfach, aber zufrieden. Müller wird mich nun auch bald verlassen; Doch, zu seinem Glücke; denn ich zweifle nicht, daß er in Dännemark guten Unterhalt und Gelegenheit finden wird, seine Kenntnisse nützlich anzuwenden.

Mein einziger Umgang hier ist mit dem Herrn von B . . . . . einem alten, würs

bigen,

bigen, obgleich von vielen sehr verkannten
Manne. Er war, wie Du weißt, Minister
in seinem Vaterlande, hatte dem Herrn, dem
er vierzig Jahre seines Lebens widmete, sehr
beträchtliche Dienste geleistet, und war der
Schöpfer alles desjenigen Guten, was der
schwache Prinz je, unter eigenem Nahmen,
gethan hat.

Was war daher natürlicher, als daß er
eine Menge heimlicher Neider und Feinde
um sich her hatte, die ihn zu stürzen such-
ten? Seine Administration war aber so klar,
so öffentlich, gut ordentlich und nützlich,
daß man ihn darinn keiner Sünde zeugen
konnte.

Da er nun reichlich besoldet wurde; so
hatte er Gelegenheit, Geld zu sammlen; die
Misgunst der hungrigen Hoffschranzen aber
machte ihm das zum Verbrechen. Man
sprengte böse Gerüchte gegen ihn aus, und
das Volk, welches gern alles nachplaudert,

Ver-

Veränderungen liebt, und, weil ein Minister nicht jeden befriedigen kann, immer von
dem Gegenwärtigen unzufrieden ist, und
von dem Nachfolger alles hofft, verbreitete
bald einen so allgemeinen schlechten Ruf über
ihn, daß es mir durch die Seele gieng, als
ich, der ich die Gradheit des Mannes kannte,
ihn aller Orten so grausam verlästern
hörte.

Ueberhaupt, was in der Welt ist wohl
unsicherer, als der Ruf eines Mannes, be-
sonders an Höfen? Ich sehe immer gern mit
eigenen Augen, und auch da betrügt man
sich oft. Wer kann immer, durch die Hülle
der Hof-Intriguen hindurch, den wahren
Faden der Begebenheiten und alle die kleinen
Triebfedern entwickeln, welche manchen schätz-
baren, vortreflichen Mann zum Gegenstande
des Abscheues, und manchen Schuft zu einem Orakel des ganzen Landes erklären? —
O! wenn doch das die Menschen beher-
zigen wollten, die so bereit sind, auf

das

das allgemeine Geschwätz, den Ruf eines
Menschen, den sie gar nicht kennen, an
einem dritten Orte zu zerreiſſen, und das
durch ſo manche Wunde zu ſchlagen, die
nicht wieder zu heilen iſt!

Der Herr von B . . . . . war in einer
ſehr üblen Lage. Er ſollte ſeinem Fürſten
alle entbehrlichen Ausgaben erſparen, folglich mußte er manchem, dem er gern geholfen hätte, verbiente Wohlthaten verſagen;
Und von einer andern Seite ſchränkte der
Sultan doch ſeine Begierben nicht ein, und
was der Dienerſchaft abgezogen, und den
Bauern ausgepreßt wurde, das verzehrten
Maitreſſen, Geiger, Pfeifer und Müſſig-
gänger. Sahe nun der gnädige Landesva-
ter, daß er und das Land dabey ſichtbarlich
zurückkamen; ſo ſchob er die Schuld davon
nicht auf ſich, ſondern auf die Haushaltung
des Miniſters, in welcher Gemüthsverfaſ-
ſung er denn auch von kleinen, erkauften
Creaturen, von Cammerdienern u. ſ. f. unterhalten

halten wurde. — Es hieß immer: der Herr
und das Land würden arm, und der Minister reich.

Diesen Zeitpunkt nützte ein elender Schwä-
ßer, der mit flüchtigen Kenntnissen von
Büchern über das Cameralwesen ausstafiert,
einige Einrichtungen in andern Ländern, die
aber, weil er sie mit schiefen Blicken ange-
sehen hatte, hier gar nicht passend waren,
dem Fürsten so reißend abmalte, daß derselbe nun in diesem Windbeutel endlich den
Mann gefunden zu haben glaubte, der sein
bisher schlecht verwaltetes Finanzwesen wieder herstellen könnte.

Es ist unbegreiflich, wie leicht es mehrentheils den erbärmlichsten Menschen ist,
eine Rolle bey den Großen der Erde zu spielen. Dieser Kerl hatte ein Paar Haranguen
auswendig gelernt, die er immer wiederholte, war übrigens ein so schlechter, un-
moralischer, tückischer, und unwissender

Mensch,

Mensch, daß ihn der würdige, große B....
nicht würde zum Secretair gemacht haben;
Jetzt verdrängte er diesen aus dem Minister
rium; denn, kurzum! mein Freund bekam
auf eine höflich falsche Art seinen Abschied,
und wohnt ißt hier; überzeugt, daß ein Für-
stendiener zu seyn, das undankbarste, unehr-
lichste Handwerk auf dieser Erde ist.

Ich schreibe Dir, mein lieber Carl! gern
solche Erfahrungen aus der großen Welt.
Schreibe Du mir nur auch fleissig, was Du
um Dich siehst, und welche interessante Be-
kanntschaften Du machst; An einem Orte wie
Berlin ist, kann es Dir daran nicht fehlen.

Nun, das war ein langer Brief. Lebe
wohl, mein bester Carl! Ich hoffe bald etwas Gutes von Dir zu hören,

Leidthal.

Vier

Vier und zwanzigster Brief.

An den Herrn Commerzienrath Müller in Hamburg.

. . . . den 4ten Julius 1771.

Ich denke, ich muß Ihnen doch noch einmal schreiben, ehe Sie nach Dännemark
gehn, es wird Ihnen diese Zeilen ein Holländer überreichen, der nach Hamburg reiset, und den ich hier habe kennen gelernt.

Das ist nun freylich so ein Volk von
Menschen, mit denen ich durchaus nicht
sympathisieren kann. Ihr ganzes Wesen ist
Handel, Pflegma und Unempfindlichkeit —
Wissen Sie die Geschichte des Mannes, dem
man, als er nach Amsterdam gieng, wohl
einge-

eingeprägt hatte, er solle, ehe er von einem
Holländer eine Dienstleistung, oder sonst
irgend etwas annähme, vorher mit demselben über den Preis einig werden? Er
kam also an, und bath einen am Ufer ste-
henden Holländer, ihm ein gewisses Haus
zu zeigen. Der Mensch fragte, wie viel er
ihm zur Belohnung geben würde; Sie wurden einig; der Fremde bezahlte, und der
Holländer, ohne sich vom Platze zu bewe-
gen, wies nur mit der Hand zurück, indem
er sagte: „Hier, hinter mir, das Haus, so
„Ihr da seht, das ist es!"

Mit dem allen aber ist der Mann, der
Ihnen diesen Brief bringt, ein bißgen besser, als seine gewöhnlichen Landesleute; Ich
empfehle ihn daher Ihrer Güte. Er kann
Aufträge von Ihnen in Holland besorgen.

Wenn werden wir uns denn einmal sehen? Auf das Frühjahr komm ich gewiß nach
Hamburg; aber dann sind Sie vielleicht
                                    nicht

nicht mehr dort. Mein ehrlicher Oncle will, wenn er kann, die Reise mitmachen; Aber ich fürchte, seine Gesundheit fängt an wankend zu werden.

Ich bin sehr vergnügt hier auf dem Lande, studiere das Bauernvolk, ihre Charactere, ihre Vorurtheile, ihre Lieder, und wahrlich, ich finde manche originelle Menschen unter ihnen. Darüber schreibe ich viel auf, auch ihre Vorurtheile, Gesänge und Tänze sammle ich; Sie sollen nächstens etwas davon lesen. Da werden Sie hören, daß man das Messer nicht auf den Rücken legen darf, damit die heiligen Engel nicht in die Schneide treten, daß man, während es zur Kirche läutet, nichts essen soll, damit die Zähne nicht ausfallen; Wie man es anzufangen hat, um nicht behext zu werden, und dergleichen mehr. Unter den Liedern werden Sie einige recht herzergreifende finden; Aber da müßten Sie dieselben auch hier singen hören.

Die

Die Einlage * bitte ich geschwind zu besorgen. Sie ist mir gestern eilig von Urfstädt geschickt worden. Von wem der Brief ist, weiß ich nicht.

Leben Sie wohl, mein Lieber! und vergessen mich nicht,

von Weckel.

Fünf

* Den folgenden Brief.

Fünf und zwanzigster Brief.

(Einschluß des vorigen.)

An den Freyherrn von Leidthal, eilig.

Urfstädt den 3ten Julius 1771.

Bey Ew. Hochgebohren soll auf Befehl meines auf den Tod krank liegenden Herrn Principals ich angelegenblichst nachsuchen, doch Denenselben die Bitte nicht abzuschlagen, vor Ihrem Ende noch, so geschwind als möglich, hierher nach Urfstädt zu kommen; als worum gedachter mein gnädiger Herr, Ew. Hochgebohren auf das pressanteste ersuchen; maßen Sie Hochdenenselben angenehme und von der größten Wichtigkeit seyende Sachen zu eröfnen hätten; hoffend Ew. Hochgebohren würden alle alte

Diffe

Differenzen anjetzo bey Seite setzen, und einem moribundo diese letzte Güte nicht versagen; Mit dem Beyfügen, gern alle Depensen der Reise quæstionis stehen zu wollen; Welches alles nur in Eile unterthänig zu melden, mich aber zu beharrlicher Gnade und Protection zu empfehlen, und mit vollkommenster Veneration zu unterschreiben nicht unterlassen wollen,

Ew. Hochgebohren

unterthäniger Knecht,

Anton Josias Reifenbrück,
Secretair des Herrn von Wallitz.

: Sechs

Sechs und zwanzigster Brief.

An den Herrn von Hundefeld in Rosenthal.

Berlin den 24ſten Junius 1771.

Komm nur gleich, mein lieber Freund! nach Erhaltung dieſer flüchtig geſchrie-
benen Zeilen, nach Berlin zurück! Ich habe beym Gouverneur alles in Ordnung gebracht — Du wirſt ſonderbare Dinge erfahren — Der verdammte Franzoſe hat Dich und mich ſchändlich angeführt; Aber er ſoll das nicht umſonſt gethan haben. Noch iſt er in der Stadt; Er kann uns nicht entwiſchen. Komm nur ſogleich hierher, und trete in der Stadt Paris ab,

O daſelbſt

daselbst will ich Nachricht lassen, wo ich anzutreffen bin.

Ich erwarte Dich mit Ungebuld.

Carl von Hohenau.

Sieben und zwanzigſter Brief.

An die Frau von der Hörde, gebohrne Müller, in Amsterdam.

Hamburg den 10ten Julius 1771.

Dies iſt vorerſt das letztemal, daß ich Dir, meine liebſte Tochter! aus Hamburg ſchreibe. Ich bin ſo glücklich geweſen, die einträgliche Stelle, wovon ich neulich Erwähnung that, * würklich zu erhalten, und meine Abreiſe nach Koppenhagen iſt auf künftigen Dienſttag feſtgeſetzt. So bald ich dort ankomme, ſollſt Du mehr von mir hören.

D 2   Mein

---

* Verſchiedene unter ihnen gewechſelte Briefe hat man nicht eingerückt.

Mein vortreflicher Baron Leibthal, dem
ich auch diese Versorgung zu danken habe,
wird morgen nach Urfstädt reisen, wohin
der Herr von Wallitz, der auf dem Todten-
bette liegt, ihn durch zwey dringende Briefe
hat einladen lassen. Mögte doch diese Reise
eine vortheilhafte Veränderung für seine öko-
nomischen Umstände vorbedeuten!

Du erhältst diesen Brief durch einen hol-
ländischen Kaufmann. Gern machte ich mit
ihm die Reise, um Zeuge Deines häuslichen
Glücks zu seyn, und einmal mein Enkelchen
an mein Herz zu drücken. Das läßt sich nun
aber jetzt nicht thun. Unterdessen vergiß mir
Deinen alten Vater nicht, und grüße Deinen
guten Mann tausendmal von mir.

An Deinen ältern Bruder habe ich geschrieben, und ihn, wie er es verdient, gelobt, weil er an meinem Peter so großmüthig
brüderlich handelt. Von Christoph, aus
Neuwied, habe ich auch kürzlich Nachricht bekommen.

kommen. Der arme Schelm hat lange Zeit am Fieber krank gelegen, ist aber völlig wieder hergestellt. *

Der Himmel leite dich! Sey glücklich in Deinem Hause, und liebe immer

Deinen

treuen Vater

Müller.

D 3　　　　Acht

---

* Diesen an sich unbedeutenden Brief, hat man dennoch einrücken wollen, damit die Leser nicht ganz die Familie aus den Augen verlieren sollten, von welcher man seit dem 27sten Briefe im zweyten Theile nichts weiter gehört hatte.

Acht und zwanzigster Brief.

An den Herrn Commerzienrath Müller in Hamburg. Eilig!

Berlin den 29ſten Junius 1771.

Beſter Vater!

Beyliegender Brief des Herrn von Hohenau an den Freyherrn von Leidthal,* erzählt Begebenheiten, welche bey Ihnen gewiß zugleich Erſtaunen und Rührung erwecken werden.

Da

---

* Der aber, mit Ihrer gütigen Erlaubniß, erſt zu Anfang des vierten Theils erſcheinen wird, oder vielleicht gar nicht, da man doch ſchon aus gegenwärtigem auf den Inhalt deſſelben ſchlieſſen kann.

Da ich indeſſen nicht weiß, ob derſelbe den Herrn Baron jetzt in Hamburg findet, und Sie, theuerſter Herr Vater! doch gern werden wiſſen wollen, was der Inhalt dieſes ſo intereſſanten Briefes iſt; ſo will ich Ihnen mit wenig Worten Nachricht von der ſonderbaren Wendung geben, welche das Schickſal des Herrn von Hohenau und ſeiner Geliebten genommen hat.

Ich bin ſelbſt Augenzeuge bey einer Scene geweſen, die, von einem geſchickten Maler dargeſtellt, jedem, der Gefühl für die Leiden und Freuden der Menſchheit hat, höchſt willkommen ſeyn müßte — Doch, zu meiner Erzählung!

Als Hohenau in Donnergrund, voll Verzweiflung ſeine Charlotte nicht zu finden, ſich dem Niederträchtigſten unter allen Franzoſen, der in demſelben Wirthshauſe mit ihm war, anvertrauete, machte dieſer Elende (der ein falſcher Spieler, Seelen-

verläu-

verkäufer, Kuppler, kurz! alles ist, wozu
ihn ein Reicher nur nützen will,) Gebrauch
von des jungen Mannes Offenherzigkeit. Er
redete es mit der Frau von Donnergrund ab,
verkaufte den Herrn von Hohenau an preuß-
sische Werber, und ließ ihn des Nachts, da
Herr Meyer, der ihn auffuchte, in dem
Zimmer über ihm schlief, fortführen; er
selbst aber lockte dem Jünglinge einen Brief
an seine Freundinn ab, unter dem Vorwande, sie ihm nach Baruth zu bringen, wo er
auf ihn warten sollte.

Mit diesem Briefe ausgerüstet, gieng er
fort, suchte das Fräulein auf, und erhielt,
nach Vorweisung dessen, daß sie sich ihm in
die Hände lieferte; seine Absicht aber war,
dieselbe, wenn sie sich ohne Hülfe sehen
würde, einem reichen Grafen in Berlin als
Maitresse zuzuführen,

Er zog das unglückliche Kind, ein paar
Monate hindurch, unter allerley Vorwande
von einem Orte zum andern. Sie erkrankte
vor Kummer, bis er sie endlich, mit der
Hofnung ihren Carl in Berlin anzutreffen,
auch dahin lockte.

Sein Schrecken war nicht gering, da er
den Herrn von Hohenau, den er als Recrute
in irgend einer entlegenen Provinz glaubte,
hier als Officier fand. Nun war doppelte
Vorsicht nöthig, eine ohngefehre Zusammen=
kunft zu verhindern. Das Fräulein wurde
also — denken Sie an, bester Vater! — in
ein Bordel geführt, und daselbst in einem
Hinterstübchen einer liederlichen Weibsper=
son, welche ehemals die Buhlerinn eines
Obristen gewesen war, (die man ihr aber
als eine Dame von Stande vorstellte) an=
vertrauet.

D 5

Jetzt

Jetzt ahndete das arme Mädgen wohl, daß sie hintergangen würde, doch hoffte sie noch immer auf Antwort von ihren Eltern, weil sie zu ihrem Glücke nicht wußte, daß man alle ihre Briefe auffieng; und dieser kleine Hofnungsstrahl erhielt sie in ihrer schweren Gemüths- und Leibeskrankheit, an welcher sie noch darniederliegt, bey einigen Kräften.

Unterdessen hatte sich Hohenau, aus Verzweiflung über die vermeintliche (durch falsche Briefe des Franzosen ihm angezeigte) Untreue seiner Geliebten, allerley Ausschweifungen ergeben; der Herr von Hundefeld aber suchte noch immer seine Schwester, kam nach Berlin, wurde durch eine Cabale des französischen Bösewichts wieder aus der Stadt geschafft, kehrte aber gestern wieder hierher zurück, und trat in der Stadt Paris ab.

Hohenau

Hohenau begegnete mir des Morgens auf
der Gasse, sagte mir, er erwarte heute seinen academischen Freund, und bath mich,
sobald ich dessen Ankunft vernehmen sollte,
ihn bey dem Herrn Lieutenant von B....,
woselbst er den Abend zubringen würde, ab-
zurufen.   Dieser B.... ist ein wackerer
junger Mann, der vor ein paar Jahren im
Reiche auf Werbung war, aber itzt leider!
auch ein bißgen liederlich wird.

Abends um acht Uhr kam Hundefeld an.
Ich hatte ihn erwartet, und bewillkommte
ihn im Gasthofe. Wir giengen zusammen
nach dem Hause des Lieutenants von B....,
allein der Bediente sagte uns, sein Herr
und der andere Officier seyen zu der Frau
Schusit, in der Töpfergasse, ohnweit dem
Comödienhause, gegangen.

Es fiel uns nicht ein, daß dies ein be-
rüchtigtes Haus seyn könnte; wie hätte ich
den Herrn von Hohenau fähig halten mögen,

öffent-

öffentlich dahin zu gehn, und den Laquaien
von diesem Schritte zu unterrichten? Auch
muß ich zu seiner Rechtfertigung sagen, daß
dies das erstemal gewesen, daß er einen Fuß
hierher gesetzt, und daß ihn der Herr
von B.... dazu verleitet hatte — Gewiß
hegte die Vorsehung die Absicht, ihn durch
das, was er hier sehen würde, auf den
Weg der Tugend zurück zu führen.

Wir giengen sorglos dem Hause zu,
traten hinein, fanden aber eine solche Ver-
wirrung, einen solchen Aufruhr in demselben, daß wir wie versteinert da standen.

O! hören Sie, theuerster Vater! Leichtsinn und Ausschweifungsgeist hatten den
Herrn von Hohenau in dies Haus geführt.
Er war mit seinem verderbten Freunde kaum
hineingetreten, als er, ohne weitere An-
frage, in das Hinterstübchen gehen wollte,
welches vermuthlich dem Herrn von B....
von alten Zeiten her, bekannt war. Er
öfnete

öfnete die Thür, und — Welch ein Anblick? — Hier seine Charlotte, im Bette
liegend, krank, blaß, mit allen Zeichen des
tiefsten Schmerzes, die Augen zum Himmel
gerichtet, anzutreffen! —

Was für eine Scene das war; wie wir
darauf ohnerwartet herzukamen; wie dop-
pelt feyerlich und wehmüthig die Ankunft des
Bruders dies Gemälde machte; was darauf
vorfiel; welche Erläuterungen nun erfolgten;
wie der arme Hohenau gegen sich selbst,
gegen das Haus, gegen die Menschen, welche
ihn getäuscht und irregeführt hatten, tobte;
was die wahrscheinlichen Folgen davon seyn
werden — das alles, liebster Vater! werden Sie besser aus beyliegendem Briefe und
aus meinem nächsten Schreiben sehen.

Noch bin ich zu verwirrt, um Ihnen
etwas Zusammenhängendes darüber sagen

zu können. Sobald ich aber ruhiger seyn
werde, erwarten Sie eine weitläuftigere
Nachricht, von

Ihrem

gehorsamsten Sohne,
Ludwig Müller.

Ende des dritten Theils.